돈으로 읽는 세계사

돈으로 읽는 세계사

강영운 지음

역사를 뒤흔든 25가지 경제 사건들

교보문고

일러두기
이 책은 독자의 이해를 돕기 위해 편의상 잉글랜드England와 영국United Kingdom의 명칭을 구분하지 않고 '영국'으로 통일해 표기했습니다. 역사적으로 구분할 때 영국은 1801년 아일랜드를 통합한 뒤 형성된 '그레이트브리튼 및 아일랜드 연합왕국'을 가리킵니다.

2년 전쯤이었을 겁니다. 돌도 안 된 제 아이와 사이판으로 가는 비행기에 타면서 문득 돌아가신 외할머니 생각이 났습니다. 생전 중국 성지순례를 간절히 원했던 할머니는 여든이 다 되어서야 그 뜻을 이룰 수 있었습니다. 80 할머니와 8개월 제 아이의 삶이 달라도 너무 다르다는 것을 새삼 느꼈습니다. "우리 외할머니는 평생 딱 한 번 비행기를 탔는데, 내 아이는 생후 1년이 되기도 전에 해외에 나가는구나…."

영국 작가 L. P. 하틀리 L. P. Hartley는 소설 《중매자》에서 적었습니다. '과거는 외국이다. 그곳 사람들은 다른 방식으로 살고 행동한다.' 저희 가족 4대만 봐도 그랬습니다. 외할머니, 어머니, 저, 그리고 제 아들까지, 모두 한반도에서 태어나 한국인이라는 정체성을 가지고 살아왔고 또 살아가지만, 우리는 결코 같은 나라에 살아본 적이 없었습니다. 할머니의 나라는 조국이 없었고, 어머니의 나라에는 쌀이 없었으며, 제가 살았던 나라에는 스마트폰과 인터넷이 없었습니다. 제 아이가 살아가는 나라는 모든 것을 가지고 있습니다. 앞선 3대가 결코 느끼지 못한 경제적 성취를 이룬 나라입니다. 풍요와 번영의 나라입니다.

우리 4대의 삶을 돌아보면서 저는 그 번영의 열쇠가 궁금했습니다. 나라의 쇠함과 흥함, 그 동력의 불쏘시개를 찾고 싶었습니다.

광복 이후 80년 만에 선진국으로 도약한 나라의 힘을 알고 싶었습니다. 《총·균·쇠》(재러드 다이아몬드 저) 《회계는 어떻게 역사를 지배해왔는가》(제이컵 솔 저) 《금융의 역사》(윌리엄 N. 괴츠만 저) 등 관련 명저를 찾아 읽었습니다. 독해가 고약했지만, 경제학 논문도 수시로 찾았습니다. 독서 목록이 하나하나 늘어가면서 마음속에 하나의 희망이 싹을 틔웠습니다. 저만의 경제사를 써보고 싶다는 생각이었습니다. 쉬운 문장과 눈을 사로잡는 그림으로 버무린 쉽고 친숙한 저서를 꿈꿨습니다. 누구나 쉽게 경제사를 알면 좋겠다는 생각에서였습니다.

창대한 뜻은 쉽게 어그러지고, 굳은 의지는 시간이 갈수록 박약해졌습니다. 명문을 꿈꿨지만, 문장은 힘이 없었고, 단어도 바르지 못했습니다. 고백하건대, 마감에 쫓겨 부랴부랴 글을 마무리한 적도 있었습니다. 제 그릇에 맞지 않은 저작이라는 생각에 그만 쓸까 몇 번을 고민했지만, 그때마다 독자 여러분의 응원 댓글과 이메일이 제 마음에 닿았습니다. 다시 펜을 쥔 것은 독자 여러분 덕분입니다. 졸문에 출간 제의를 해주신 교보문고에도 감사 인사를 전합니다. 책의 내용부터 디자인, 제작까지 애써주신 교보문고 담당자분들의 노고도 늘 가슴에 품겠습니다.

글은 제가 썼지만, 제 저작은 온전히 제 것이라 할 수 없습니다. 작은 서점을 운영하시며 언제나 필요한 책을 내어주셨던 부모님, 일과 살림을 병행하는 워킹맘 은주, 그리고 삶에 새로운 기둥이 되어준 리안. 그들이 없었으면, 문장은 조악해지고 책은 성기어졌을 것입니다. 가족은 언제나 생각의 샘이고, 문장의 인큐베이터였음을 기억하겠습니다. 표지에 적히지 못한 그들의 이름을 애써

서문에 다시 적는 이유입니다. 전작에서도 밝혔지만, 책의 미약하나마 빛나는 부분은 모두 그들의 것입니다. 조악한 부분은 온전히 저로부터 비롯된 것입니다.

2025년 한여름, 충무로에서 강영운

목차
✦

들어가는 글 　　　　　　　　　　　　　　　　　　5

1 생존의 경제사

01　기사단이 은행의 시초가 된 사건　　　　　　12
02　알고 보면 금융도시 베네치아　　　　　　　　22
03　회계로 제국 스페인에 맞짱 뜬 네덜란드　　　32
04　장자가 다 상속받던 시대의 차남들　　　　　44
05　뺏고 지키며 만든 무역 전성시대　　　　　　54

2 역설의 경제사

06　위기가 만들어낸 새로운 영국　　　　　　　　66
07　몰락한 귀족과 달러 공주, 그리고 세계화　　　78
08　존 2세는 왜 영국 역사에 없을까?　　　　　　90
09　사랑이 종교를 바꾸고 종교는 경제를 바꿨다　102
10　돈만 있고 산업은 없었던 나라의 미래　　　　112
11　대화재가 바꾼 런던의 겉과 속　　　　　　　122
12　금속활자, 유럽에는 있고 조선에 없던 것　　　132

3 거물의 경제사

13 태양왕의 치세는 콜베르 전후로 나뉜다   **146**
14 자유 영혼 케인스가 자유방임 경제에 내린 처방전   **158**
15 하이에크, 그래도 경제는 자유로워야 한다   **170**
16 직장인의 적 소득세를 처음 만든 국민 영웅   **182**
17 어머니가 다른 세 군주가 모두 총애한 그레셤의 능력   **194**

4 거품의 경제사

18 종이가 금과 은을 대신하기까지   **208**
19 천재가 남해회사에 눈 뜨고 코 베인 전말   **220**
20 옵션 계약으로 핀 버블꽃, 튤립   **232**
21 남의 나라 독립으로 돈놀이한 사람들   **242**

5 음식의 경제사

22 청어가 보여준 동맹과 담합의 한 끗 차이   **256**
23 버터를 먹기 위한 대가   **266**
24 대혁명의 기둥에 묻은 소금   **276**
25 감자가 없어 떠난 사람들의 모험   **286**

찾아보기   **299**

1

생존의 경제사

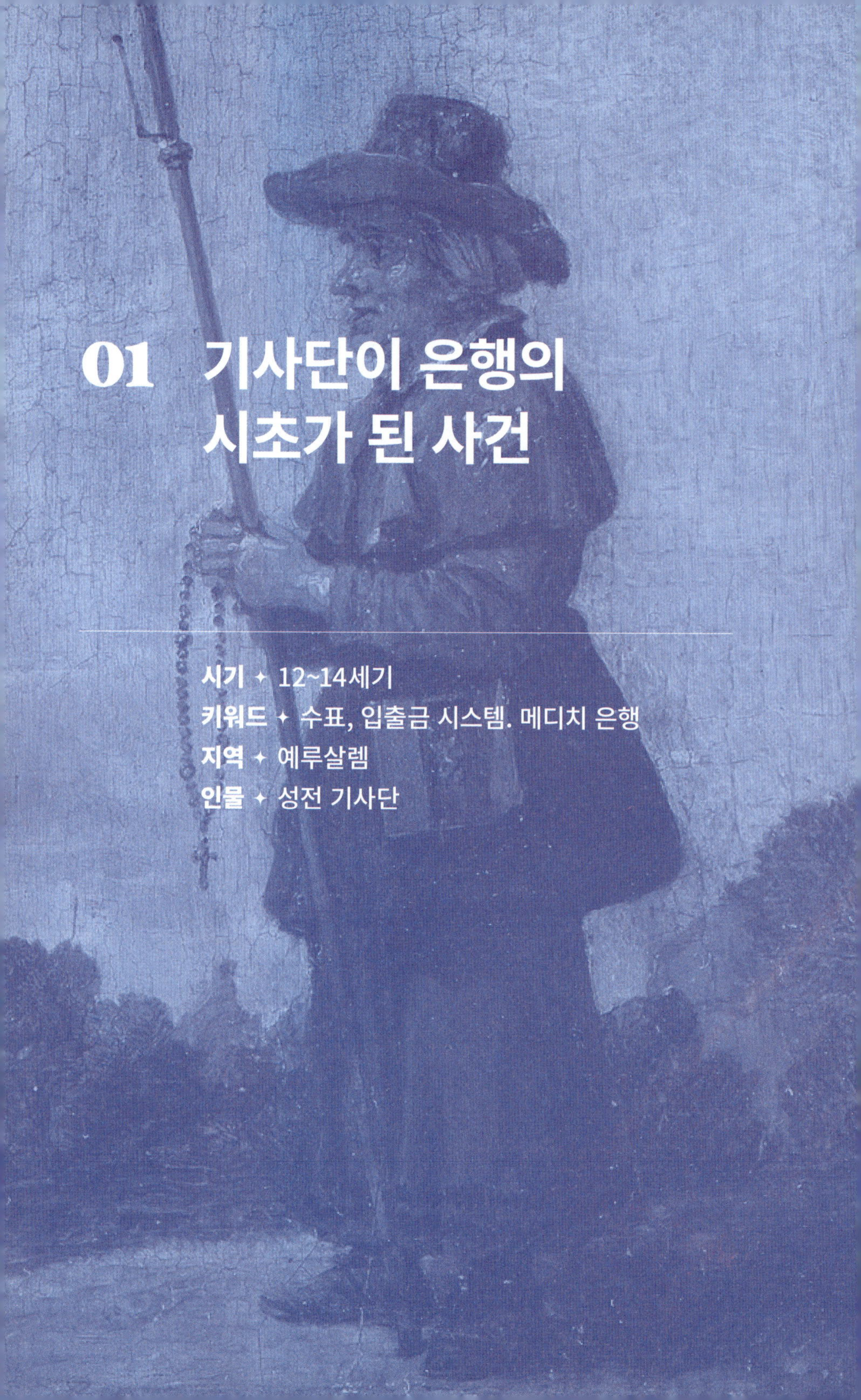

01　기사단이 은행의 시초가 된 사건

시기 ✦ 12~14세기
키워드 ✦ 수표, 입출금 시스템. 메디치 은행
지역 ✦ 예루살렘
인물 ✦ 성전 기사단

낯선 곳을 여행할 때 설렘과 두려움이 함께 싹을 틔우기 마련이다. 새로운 풍경을 눈에 담을 수 있다는 기쁨과 이방인들의 표적이 될 수 있다는 두려움이 교차한다. 신경은 늘 곤두서 있다. 누군가가 나를 공격할까 봐, 돈을 빼앗아갈까 봐, 여행자 누구나 옷깃을 여미고 주변을 경계한다.

1,000년 전, 중세 유럽에서도 상황은 비슷했다. 성지 예루살렘으로 떠나는 여행자들은 신의 흔적을 볼 수 있다는 경외감과 함께 긴 여로에서의 안전을 우려했다. 수없이 많은 사람들이 성지 순례길에서 돈을 빼앗기고 비참하게 객사했다. 진리를 찾는 길은 예나 지금이나 험난하기 그지없다.

정의의 사도들이 결기로 일어섰다. 그들은 맹세했다. 하느님에게로 향하는 순례자들을 보호하자고, 이단자들의 공격을 막아내자고. 성전 기사단의 탄생이었다. 신의 뜻을 따르고자 한 집단의 탄생이 현대 은행의 시초가 되었다면 믿어지는가? 종교적 실천이, 자본주의적 금융기관의 씨앗이 된 아이러니였다.

예루살렘의 탈환, 그러나 계속되는 고난

"하느님의 도시 예루살렘을 되찾았다."

성지를 되찾겠다는 일념하에 모인 기독교 국가들이 '십자군'이라는 이름으로 한데 모였다. 1099년, 첫 출정에서 승리를 거두고 이슬람 세력으로부터 예루살렘을 되찾았다. 이제 지중해에 면한 서아시아의 주요 성지들이 모두 기독교인의 손에 떨어진다.

유럽은 흥분의 도가니에 빠졌다. 예수 그리스도의 숨결이 살아 있는 옛 도시를 다시 방문할 수 있게 되었기 때문이다. 대한민국 사람이 평양, 개성을 다시 자유롭게 여행하게 될 때의 기분 같았을까? 유럽 전 지역에서 예루살렘을 순례하겠다는 순례자들이 폭발적으로 늘어났다.

그러나 순례는 쉬운 여정이 아니었다. 유럽에서 서아시아까지 가는 길은 멀고도 험했다. 오늘날처럼 대중교통이 있는 상황도 아니었기에 그야말로 산 넘고 물 건너면 또다시 산이 나타나는 지난한 과정이었다. 마을을 벗어나면 치안은 공백 상태가 되었다. 언제 어디서든 강도를 만나 돈과 생명을 빼앗길 수 있었다. 순례자 수백 명이 한꺼번에 죽임을 당한 사건도 비일비재했다. 강도·강간·살인은 순례객에게 닥친 현실적 위협이었다.

이때 순례객을 보호하겠다는 사람들이 의연히 일어난다. 프랑스 기사 위그 드 파앵Hugues de Payens이었다. 1119년 그는 기독교 왕

십자군의 예루살렘 점령을 그린 19세기 화가 에밀 시뇰의 그림.

국인 예루살렘의 왕 보두앵 2세Baudouin II를 찾아간다. 순례객들을 보호하기 위한 조직의 필요성을 설명하기 위해서였다. 성스러운 그들의 뜻에 보두앵 2세가 동감을 표시했다. '성전 기사단'의 시작이었다. 보두앵 2세는 자신이 정복한 예루살렘의 모스크를 기사단의 본부로 선뜻 내어줬다.

시작은 미약했으나 그 과정은 창대했다. 순백의 망토를 갑옷 위에 걸치고 말에 올라탄 전사들. 순례객을 지키겠다는 기사단 아홉 명의 이상에 유럽 전역이 감동한다. 전 재산을 기부하겠다는 부족들, 기사단에 합류하겠다는 귀족들이 넘쳐났다. '청빈'은 기사단이 태동할 때 내세운 지고의 가치였지만, 조직에는 어느새 돈이 넘쳐흐르기 시작했다.

1139년 교황 인노켄티우스 2세Innocentius II는 성전 기사단을 공인한다. 기사단은 교황의 권위 아래 모든 기독교 국가의 국경을 자유롭게 통행할 수 있고, 세금을 내야 하는 의무도 면제된다는 내용이었다. 성전 기사단은 이제 모든 기사단의 이상향으로 자리했다. 프랑스, 영국, 포르투갈, 이탈리아를 비롯해 유럽 전역에 기사단 본부가 설치된 배경이다.

안전하게 여행하고 싶은 욕망

"제 돈을 성지에서 찾을 수 있겠습니까?"

당대 순례객들은 성지까지 가는 먼 거리에 실물 화폐를 가지고 다니길 두려워했다. 강도나 이교도들에 의해 모두 빼앗길 수 있기 때문이었다. 기사단은 순례객의 우려를 십분 이해하고 있었다. 그래서 하나의 서비스를 만들어낸다. 지점별 '입출금 시스템'이다.

성전 기사단을 만든
프랑스 기사 위그 드 파앵.
앙리 레만이 1841년에
그렸다.

유럽의 기사단 본부에 돈을 맡기면 증서를 하나 내준다. 성지에 도착해 그 증서를 제시하면 기사단 본부에서 돈을 지급하는 방식이다. 영국에서 입금한 돈을 예루살렘에서 출금할 수 있는 혁신적 서비스였다. 강도들은 순례객이 지닌 증서를 보더라도 그 의미를 도통 알 수 없었다. 억지로 빼앗아봤자 종이 쪼가리에 불과한 것이었다.

현대의 여행자들이 현금 대신 신용카드나 체크카드를 들고 다니는 것과 같은 원리다. 경제학자들은 오늘날의 수표가 그때 처음 태동한 것으로 보고 있다. 종교와 금융은 서로 배척되는 개념 같지만, 역사적으로 둘은 서로를 동력으로 삼아 발전했다. 기사단의 사례에서도 마찬가지였다.

세계 최초의 입출금 시스템

수차례 벌어진 십자군 전쟁은 기사단의 규모를 더욱 키워갔다. 수중에 있는 돈과 토지도 그에 비례해 늘어났다. 특히 이들이 제공하는 '금융 서비스'도 갈수록 범위가 넓어졌다. 신도들로부터 예금을 받는 것에서 유럽의 주요 국가에 대규모 대출을 시행하는 서비스까지 나아갔다. 순례지의 현지 화폐로 바꿔주는 환전 업무를 담당한 것도 기사단이었다. 기사단이 성직자의 꼼꼼함과 정확함으로 장부를 관리했기에 가능한 일이었다. 2차 십자군 전쟁 당시 프랑스의 왕 루이 7세 Louis VII 에게 엄청나게 큰 돈을 빌려준 것도 기사단이다.

벨기에 지방에서 예루살렘으로 순례를 떠나는 형제단의 회원들. 얀 반 스코렐 작품.

콘스탄티노플을 점령하고 세워진 기독교 왕국인 라틴 제국의 황제 보두앵 2세 역시 예수가 못 박힌 십자가를 담보 삼아 기사단에게 급전을 빌리기도 했다. 기사단이 유럽의 주요 국가들의 대부업자로 활약(?)하고 있었던 셈이다.

기사단은 유럽 전역에 설치된 본부를 활용해 무역업을 진행하기도 했다. 돈과 무력이라는 두 가지 무기를 가지고 있으니, 안전한 무역 환경을 제공할 수 있었기 때문이다. 양모, 목재, 올리브유뿐만 아니라 노예까지 거래했다는 기록이 전해진다. 이렇게 모은 돈으로 지중해 동부 키프로스섬을 사들이기도 했었다. 지금도 유럽 곳곳에 남아 있는 성전 교회Temple Chruch는 모두 옛 기사단이 소유했던 건물이다.

그러나 1187년 충격적 사건이 벌어진다. 이슬람의 영웅 살라흐 앗딘이 이끄는 군대에 의해 성지 예루살렘이 다시 무슬림의 손에 들어간 것이다(예루살렘이 이슬람의 손에서 벗어난 건 약 700년 후인 제1차 세계 대전 때다).

십자군으로서는 치명적인 결과였지만, 기사단 조직은 줄어들지 않았다. 그들이 제공하는 금융 서비스가 유럽에서는 이미 필수적으로 자리 잡은 덕분이다. 이들은 금융 노하우를 유럽의 왕들에게 공유해 세수 확보에 도움을 주었다. 프랑스 왕국의 경우 성전 기사단의 재정 관리로 수입이 120퍼센트나 늘기도 했다.

정경유착으로 위기 맞은 기사단

하지만 권력과 돈이 만나면 부조리가 발생한다는 사실은 역사가 증명하고 있다. 권력과 돈, 즉 정치와 경제는 떼려야 뗄 수 없는 관계지만 양날의 검이기도 하다. 유럽의 왕실과 유착해 크게 성장한 성전 기사단은 브레이크를 걸지 않은 채 종말로 달려가고 있었다. 유럽 왕실이 감당할 수 없을 정도의 대규모 대출을 실행했기 때문이다.

지금이야 '디폴트'라는 이름으로 채무 불이행을 선언할 수 있다지만, 중세 유럽의 왕은 그보다 더 확실한 방법을 선호했다. 기사단을 이단으로 기소하고, 그 재산을 처분하는 방법이었다.

가장 큰 조직을 자랑하는 프랑스에서 사달이 일어났다. 필리프 4세Philippe IV가 기사단을 체포하고 이들을 화형에 처했다. 필리프 4세는 숙적 영국, 플랑드르와의 잇단 전쟁으로 감당 못 할 빚을 기사단에게 지고 있었다. 기사단은 저항했지만, 강력한 군사력을 자랑하는 왕에게 결국 굴복할 수밖에 없었다. 그리고 프랑스 성전 기사단의 재산은 모두 필리프 4세의 수중에 들어갔다. 비슷한 상황에 놓여 있던 유럽의 군주들도 같은 조치를 강행했다. 성전 기사단이 역사의 뒤안길로 사라진 배경이다(유일하게 남은 조직은 포

왕의 명령으로 십자군 기사단을 학살하는 프랑스 군인.

르투갈의 그리스도 기사단이었다).

　기사단의 물리적인 모습은 사라졌지만 그들이 남긴 혁신은 민간으로 스며들었다. 십자군 전쟁 이후 동서양 무역의 핵심으로 거듭난 이탈리아 상인들에 의해서였다. 피렌체, 베네치아 등의 도시는 이미 유럽 여러 나라에 핵심 거점을 마련하고 있었다. 마치 기사단 네트워크처럼. 피렌체 메디치 가문의 수장 조반니 디 비치 데 메디치Giovanni di bicci de' Medici는 1397년 첫 메디치 은행을 설립한다. 오늘날 은행의 초기 모습을 띠고 있었다. 탁월한 사업수완으로 그들은 이탈리아 금융 산업의 대표주자로 떠올랐다. 로마 교황청이 예금을 맡기는 은행으로 성장했을 정도다. 성전 기사단의 정의감이 오늘날 자본주의 혈관을 담당하는 은행의 모태로 작용한 셈이다.

메디치 가문은 은행업으로 큰돈을 벌어 수많은 예술가들을 양성하는 데 힘썼다. 사진은 베노초 고촐리가 1459년 그린 프레스코화. 동방박사 3인의 행렬에 메디치 일가가 함께하는 모습을 그린 작품이다.

네줄요약

✦ 1099년 십자군이 예루살렘을 점령하면서 유럽 전역의 순례객이 폭증했다.

✦ 객지로 떠난 순례객들은 강도, 살인, 강간에 수시로 노출되었다. 이를 지키고자 성전 기사단이 탄생했다.

✦ 폭발적인 인기로 여러 지점을 운영한 기사단은 순례객이 출발지에서 맡긴 돈을 성지에서 찾을 수 있는 입출금 시스템을 만들기도 했다.

✦ 오늘날 은행의 태동이었다.

참고문헌
- 마이클 해그, 템플러-솔로몬의 성전에서 프리메이슨까지 성전 기사단의 모든 것, 책과함께, 2015년

02 알고 보면 금융도시 베네치아

시기 ✦ 6~13세기
키워드 ✦ 채권, 2차 시장
지역 ✦ 베네치아
인물 ✦ 비탈레 2세 미키엘

"돈, 오, 나의 돈! 나의 딸보다도 더 소중한 돈! 나의 황금과 보석을 위해 나는 기꺼이 모든 것을 버리겠다."

대문호 셰익스피어William Shakespeare의 소설《베니스의 상인》에 등장하는 인물 샤일록은 유대인 상인으로 돈이라면 자신의 영혼까지도 팔아넘길 위인이다. 고리로 돈을 빌려주고, 악착같이 받아내는, 반反기독교적 인물인 샤일록은 채무자 안토니오에게 기어이 살 1파운드약 450그램를 요구하다가 전 재산을 빼앗긴다. 당대 유럽인들이 유대인을 어떻게 생각했는지 엿볼 수 있는 대목이다. 인간을 통치하는 대문호마저 편견에서 자유롭지 못했던 것이다.

《베니스의 상인》은 문학사적으로도 그렇지만, 경제사적으로도 의미가 결코 작지 않다. 베네치아(베니스는 영어식 표기)가 중세 유럽에서 최고의 경제 도시로 이름을 날렸기 때문이다. 심지어 이 조그만 도시국가는 동로마 제국 약탈을 단행했을 정도로 그 세가 엄청났다. 여기에는 상업을 기반으로 한 엄청난 경제력이 자리하고 있기에 가능했다. 세계 최초로 공공채권을 발행한 도시도 바로 베네치아였다.

베네치아라는 도시국가는 어떻게 세계와 어깨를 나란히 하는 경제 도시가 되었을까?

《베니스의 상인》의 샤일록과 포셔를 묘사한 토머스 설리의 1835년 작품.

도시국가 베네치아의 시작

베네치아의 역사를 보기 위해서는 우선 동로마 제국의 간단한 역사를 알아야 한다. 베네치아가 오랜 기간 동로마 제국의 식민통치를 받았기 때문이다.

동로마 제국은 로마 제국이 지중해 동쪽 콘스탄티노플(현 이스탄불)로 수도를 옮긴 후 붙여진 이름이다. 거대한 영토를 효율적으로 통치하기 위해 수도를 옮겼지만, 옛 수도 로마는 상대적으로 치안 불안에 시달려야 했다. 야만족인 반달족과 고트족이 세력을 키우고 있었던 탓이다. 로마는 사실상 야만족의 놀이터로 전락하고 있었다. 명군 유스티니아누스 1세Justinianus I는 제국의 탄생지이자 기독교 성지가 야만족에 유린당하고 있는 상황을 좌시할 수 없었다. 유스티니아누스가 535년에 옛 땅을 되찾기 위한 전쟁에 나선 배경이었다. 약 20년의 전쟁 끝에 그는 미소를 지었다. 이탈리아에서 북아프리카에 이르는, 옛 로마가 전성기에 차지한 영토 대부분을 수복한다. 그의 이름 뒤에는 이제 '대제'라는 명칭이 따라붙는다. 이는 베네치아 역시 다시 동로마 제국의 지배를 받게 됐다는 의미였다.

동로마 제국은 이탈리아 땅에 라벤나 총독부를 설치한다. 파견된 제국의 관리가 이탈리아 전역을 통치하는 시스템으로 운영되었다. 베네치아 역시 라벤나 총독부를 통해 제국의 행정 시스템에 편입되었다. 라벤나 총독부와 베네치아는 바닷길로만 연결되어서 직접 통치가 힘든 구조였기에 다른 도시와는 달리 자치권을 어느 정도 인정받는 도시로 성장한다. 늪지대를 개간해 도시를 만든 특수성도 그들의 자치권을 인정하는 계기로 작용했다. 베네치아 시민들이 직접 뽑은 '도제Doge'가 베네치아의 통치자가 된 배경이었다. 이탈리아에서 도제가 있는 도시는 제노바와 베네치아 두 곳뿐이었다.

명군 뒤에는 암군이 오기 마련이다. 유스티니아누스 대제 사후 동로마 제국의 힘은 급격히 약해지고 있었다. 랑고바르드족이 이탈리아반도를 휘젓고 다녀도 동로마 제국은 이에 대응할 힘이 없었다. 751년에는 라벤나 총독부가 무너지기에 이르렀고 이탈리아반도의 난민들이 베네치아로 흘러들었다. 베네치아는 이를 기회로 삼았다. 외세에 맞서 자치권의 역량을 키워갔다. 작지만 강한 나라가 되고 있었던 것이다. 베네치아 공화국의 탄생이다.

8세기에 유럽을 통일한 프랑크 왕국의 샤를마뉴Charlemagne가 베네치아에 눈독을 들였지만, 결코 넘어가는 법이 없었다. 자력에 기대지 않는 국가는 무너지기 마련이라는 간단한 국제사회의 명제를 베네치아가 반증하고 있던 셈이다.

세계 최초로 공채를 발행하다

"무역만이 우리 베네치아의 힘이다."

이렇게 자립을 결심했을 때 국력이 성장하기 시작한다. 베네치아는 동로마 제국의 힘이 약해지자 본인들이 지중해 무역 도시가 되기를 자처한다. 각 도시에 물산과 사람을 나르고, 정당한 이득을 취했다. 지중해 주요 항구와 바닷길이 연결되어 있다는 점도 장점으로 작용했다. 유럽에서 무역을 하려는 이들은 모두 베네치아를 거쳐야 했다. 중동 레반트 지역부터 이집트 앞 홍해까지, 베네치아의 상선이 없는 곳이 없었을 정도였다. 중국까지 여행해 《동방견문록》을 쓴 마르코 폴로Marco Polo도 베네치아 사람이다.

지도자인 도제들은 공공의 부를 도시에 재투자했다. 베네치아에는 다리, 운하, 방벽, 요새, 아름다운 궁전과 같은 사회기반시설infrastructure, 인프라이 매년 새롭게 건설되고 있었다. 무역을 통해 쌓은 항해 기술로 함선을 만들어 국방도 튼튼히 했다. 경제적으로도, 군사적으로도 베네치아를 무시할 수 있는 나라는 없었다.

상업이 발달하려면 그 혈관 역할을 하는 금융가들이 있어야 한다. 베네치아에는 상인만큼이나 많은 은행가가 있었다. 도시의 중심 리알토 시장에는 은행가들이 나무 탁자에 앉아 돈을 융통해줬다. 오늘날 은행을 뜻하는 영어 '뱅크bank'는 고대 이탈리아어에서 나무 탁자를 뜻하는 '방코banco'에서 따왔다.

베네치아 정부는 금융 세계에서 유례가 없는 실험을 단행한다. 베네치아 정부 이름의 채권을 발행한 것이다. 세계 최초의 '공채'였다. 채권은 일정한 이자를 주고 돈을 빌리는 일종의 빚문서다. 오늘날 대부분의 국가가 자기 신용을 이용해 국채를 발행하듯, 베네치아도 우량한 정부의 힘을 기반으로 돈을 민간으로부터 조달한 것이었다. '프레스티티'라는 이름의 공채가 처음으로 발행된 경제사적 사건이었다.

베네치아가 긴급하게 돈을 조달한 데는 이유가 있었다. 식민 모국이었던 동로마 제국과 군사적 갈등이 임박해왔다. 동로마 제

마르코 폴로의 모자이크화.

국 황제 마누엘 1세Manuel I는 1171년 베네치아 상인을 모두 수용소에 억류하고 재산을 몰수하는 조치를 단행했다(후에 십자군으로 참전한 베네치아 군사들이 이슬람 국가와 싸우는 대신에 동로마 제국을 침략한 원인 중 하나였다).

국가의 명운을 건 전쟁 준비는 세금으로 감당할 수 있는 수준이 아니었다. 이 비용을 마련하기 위해 도제 비탈레 2세 미키엘 Vitale II Michiel이 1171년 공채를 발행하기에 이르렀다. 여기에 베네치아 시민이라면 누구나 이 공채를 구매해야 한다는 명령도 내렸다. 보유한 재산 규모에 따라 채권 구매량이 할당되었다. 매년 5퍼센트의 이자를 지급하기로 했지만 원금을 갚는 시기는 확정되지 않았다. 최초의 공채는 이렇듯 강제성을 띤 모습이었다.

모든 베네치아인이 정부의 채권자가 된 셈이었다. 이 채권으로 조달한 자금 덕분에 베네치아는 동로마 제국에 맞설 함대를 구축할 수 있었다. 심지어 4차 십자군 전쟁 때인 1204년에는 베네치아

베네치아 십자군의 콘스탄티노플 입성. 외젠 들라크루아의 1840년 작품.

군대가 동로마 제국의 수도 콘스탄티노플을 점령하기에 이르렀다. 식민지가 식민 모국을 점령해버린 전대미문의 사건이었다. 베네치아의 힘을 알 수 있는 대목이다.

돈을 빌릴 때의 마음과 갚을 때 마음은 같지 않다. 베네치아 정부는 원금 상황을 차일피일 미뤘다. 지중해 국가 간 갈등이 쉽게 사그라지지 않아 대규모 자금이 필요한 일이 많았기 때문이다. 시간이 어느 정도 흐르고 나서 베네치아 시민들은 자기가 보유한 채권을 내다 팔기 시작했다. 2차 시장의 등장이었다.

베네치아의 미래를 밝게 보는 시민들은 채권의 값을 후하게 쳐줬지만, 암울하게 보는 투자자들은 헐값이라도 팔아버렸다. 실제로 베네치아 공채 가격은 비교적 정치 안정기였던 1376년까지는 액면가의 80~100퍼센트로 팔렸지만, 이후부터 1441년까지는 40~60퍼센트까지 떨어졌다. 빚에 허덕이던 베네치아 정부가 이자 지급을 연체했기 때문이다.

다른 도시국가와 전쟁에서도 공채는 유효한 자금 조달 수단이었다. 페라라와 전쟁에서도, 제노바와의 갈등 속에서도, 밀라노와 결전을 벌일 때도 그랬다. 베네치아에서 공채가 제도화되기에 이르렀다. 미우나 고우나 베네치아 시민들은 국가가 잘되기를 빌 수밖에 없었다. 공채가 휴지 쪼가리로 전락하는 걸 막기 위해서라도.

반대에 직면한 베네치아 공채

"화폐는 교역에 쓰라고 존재하는 것이지, 이자를 낳으라고 만들어지지 않았다."

베네치아의 공채에 곱지 않은 시선을 보내는 이들이 있었다.

가톨릭교회와 수도승들이었다. 돈을 빌려주고 이자를 받는 일을 기독교에서 엄히 금지하고 있었기 때문이다. 상업 권력과 교회 권력의 정면충돌이었다. 유대인들이나 하던 일을 기독교 정권이 공공연히 벌이고 있다는 것은 교회가 받아들일 수 없는 일이었다.

신학자들 사이에서도 의견이 분분했다. 국가의 안녕과 번영을 위해서 필요하다는 의견과 공채라고 하더라도 기독교 교리에 맞지는 않는다는 반박이 맞섰다. 언제나 필요가 논리를 만드는 법, 베네치아 공채 프레스티티를 인정하는 의견이 점차 대세를 이루기 시작했다. 14세기 철학자 니콜라스 드 앙글리아Nicholas de Anglia는 "프레스티티는 베네치아 시민이 강제로 사야 하는 채권으로, 그 안에는 욕망이 들어있지 않다"고 옹호했다. 다른 채권과는 달리 봐야 한다는 뜻이었다. 교회 권력도 점점 공채를 인정하는 분위기였다. 공공재정으로 포장된 공채는 이제 기독교 교리에 어긋나지 않은 정당한 금융 행위로 자리를 잡았다.

하지만 번영은 한때의 꿈처럼 아스라이 사라져갔다. 스페인과 포르투갈의 주도로 신항로가 개척되면서 지중해 바다는 중심에서 점점 멀어져갔다. 베네치아를 비롯한 이탈리아 도시국가들이 주도권을 상실해가고 있었다는 의미다. 혁신은 그럼에도 공기와 같은 것이어서, 시나브로 퍼져가기 마련이다. 유럽의 모든 무역 도시들이 베네치아의 혁신을 도입하고 있었다. 그들 역시 공채라는 새로운 자금 조달 방법을 알게 됐다.

베네치아 공화국이 마지막 채권을 발행한 것은 1797년이었다. 나폴레옹Napoléon Bonaparte이 공화국을 점령하기 직전이었다. 베네치아에서는 사라졌지만 국공채는 이제 만국의 것이 되었다. 2023년 미국 국채시장의 규모는 32조 달러로 추산된다. 세계 금융을 주도하는 미국 주식시장 40조 달러와 비교해도 크게 뒤지지 않는다. 금융시장의 거대한 축이 이탈리아의 작은 도시에서 시작된 셈이다.

네줄요약

✦ 도시국가 베네치아는 공채를 최초로 발행한 나라로 꼽힌다(1171년).
✦ 세금만으로는 인프라 구축·전쟁 등 수많은 비용을 감당할 수 없는 것이 배경이었다.
✦ 조달한 돈으로 그들은 동로마 제국의 수도까지 점령하기도 했다.
✦ 금융 혁신이 도시국가를 강대국으로 만들었다.

참고문헌
- 윌리엄 N. 괴츠만, 금융의 역사, 지식의날개, 2023년

03 회계로 제국 스페인에 맞짱 뜬 네덜란드

시기 ✦ 16~17세기
키워드 ✦ 회계, 복식부기, 중앙은행, 동인도회사, 증권거래소
지역 ✦ 네덜란드, 스페인
인물 ✦ 오라녜 공작 마우리츠, 펠리페 2세

골리앗을 무너뜨린 다윗. 바위를 깨부순 계란. 이 나라를 설명하는 데 늘 따라붙는 수식어다. 조그만 나라가 세계적인 대국과 한판 붙어보겠다고 나섰기 때문이다. 16세기의 '해가 지지 않는 제국'은 스페인과 맞짱을 뜬 소국 네덜란드의 이야기다.

역전극은 언제나 짜릿하기 마련이다. 네덜란드는 인구가 10배나 많은 거함 스페인을 무너뜨리며 독립을 쟁취했다. 이 작디작은 나라가 대제국에 맞설 수 있었던 배경은 무엇이었을까? 여러 이유가 있겠지만, 경제학자들은 회계를 꼽는다. 재무 정보를 총괄하는 회계에 관한 지력이 '작지만 큰 나라'를 만든 근간이었다는 설명도 붙는다. 도대체 회계에 어떤 힘이 숨어 있는 걸까?

회계의 나라 네덜란드, 무역의 중심이 되다

"상업 국가에서 회계는 왕이다."

네덜란드에서는 누구나 숫자에 통달해 있다고 한다. 저잣거리 상인부터, 국가 지도자까지 자금의 흐름을 기록하는 데 능숙했다. 매춘부까지도 회계 장부 작성에 탁월하다는 이야기가 나올 정도였다. 이는 네덜란드가 북해 무역의 중심지로 거듭난 뒤부터 시작된 것이다. 지중해 무역의 강자 피렌체의 상인은 이렇게 묘사하기도 했다.

"네덜란드 도시 안트베르펀(현재 벨기에 안트베르펜)은 세상에서 가장 부유하고 아름다운 도시다."

유럽 각국에서 흘러들어 온 향신료와 청어를 비롯한 음식물까지, 네덜란드에는 돈과 물산이 넘쳐났다. 시민들은 부富를 지키는 데도 탁월했다. 국가 차원에서 복식부기를 장려했기 때문이다.

복식부기는 현금의 흐름을 일회성으로 기록하는 단식부기와 달리 거래를 두 번씩 적는데, 자산과 부채, 자본, 비용, 수익을 모두 체계적으로 관리할 수 있는 시스템이다. 복식부기로 보면 돈이 어떻게 들어왔고 어디로 흘러나갔는지 명료하게 보인다. 재정을 관리하는 데 탁월한 기록법인 것이다. 네덜란드에는 또 다른 명물이 있었는데 바로 회계학교다. 레이던, 델프트, 하우다, 로테르담, 위트레흐트 등 전역에 걸쳐서 회계 교육이 이뤄졌다. 들어오는 부가 흥청망청 쓰이지 않은 배경이다.

네덜란드 화가 캉탱 마시의 〈환전상과 그의 아내〉. 1514년 작품.

네덜란드에 이런 회계적 수학이 깊이 뿌리 내린 데는 이유가 있었다. 척박한 환경을 극복하는 과정에서 자연스레 스며든 삶의 태도 덕분이다. 네덜란드는 영토의 상당 부분이 해수면보다 낮은 나라다. 그 탓에 수로와 관개시설, 제방을 만드는 게 무엇보다 중요한 국가적 사업이었다. 작업이 조금이라도 허술하게 진행될 경우 네덜란드 땅 전체가 바닷물에 잠길 수도 있었다. 꼼꼼한 공사, 이를 철저히 관리 감독하는 시스템의 필요성이 어느 나라보다도 컸다. 그 일환으로 공사에 쓰일 시민들의 세금이 조금이라도 허투루 쓰이지 않도록 회계 공부도 장려된 것이다. 척박한 영토라는 시련이 네덜란드 시민을 단련시킨 셈이다.

회계의 중요성을 지도자들 역시 누구보다 잘 알고 있었다. 17세기의 지도자인 오라녜 공작 마우리츠Maurits van Oranje가 가장 대표적인 예다. 그는 사생아 출신인 시몬 스테빈Simon Stevin을 최측근으로 두었다. 그가 공학과 상업의 최고 지성이라는 걸 알았기 때문이다. 스테빈은 수학을 통치로 연결할 줄 아는 학자였다.

그는 시 행정 측면에서도 복식부기의 필요성을 역설했다. 《군주를 위한 회계》라는 참고서적을 썼을 정도다. 마우리츠는 그를 신뢰해 제방감찰관 및 네덜란드 육군의 최고 행정관으로 임명한다. 네덜란드는 몸집이 점점 커지고 있었다.

종교를 내세웠지만 돈이 탐났던 스페인

황금알을 낳는 거위 옆에는 항상 욕심쟁이 주인이 있기 마련이다. 이 상황에서 주인은 네덜란드를 지배한 합스부르크 가문이었다. 신성 로마 제국 황제로서 스페인·이탈리아 북부·아메리카 대륙은 물론 네덜란드까지 지배하는 가문이었다. 수장 펠리페 2세 Felipe II는 항상 검은 옷을 입고 미사를 드리며, 전 세계로부터 쏟아져 들어오는 서류에 서명하느라 바빴다.

제국은 언제나 '고비용'의 정치 체제다. 들어오는 돈보다 나가는 돈이 때로 더 많을 때도 있었다. 돈은 늘 부족했고, 부채에 허덕이는 일이 일상이었기에 펠리페 2세는 네덜란드에서 과세를 지속적으로 강화했다. 개신교의 나라인 네덜란드에 더 많은 세금을 부과하는 것이 부담되는 일도 아니었다. 펠리페 2세는 독실한 가톨릭이었기 때문이다.

이교도를 벌주는 데 세금만큼 좋은 처벌은 없었다. 이와 동시에 펠리페 2세는 개종을 강요했다. "네덜란드인들이 개신교로 남게 하느니, 차라리 나의 왕국 전체를 잃는 게 낫다"고 말할 정도였다. 네덜란드 당국은 국민에게 '종신연금'을 강제해 그 돈을 스페인으로 보냈고, 시민들 마음속에는 스페인에 대한 분노가 켜켜이 쌓여가고 있었다.

"압제자 스페인 밑에서 더 이상 살 수 없다." 시민들이 마침내 무기를 들고 일어섰다. 1568년 네덜란드 북부 개신교 지역 일곱 개 주가 중심이었다(가톨릭을 믿는 네덜란드 남부 지방은 훗날 벨기에로 분열한다). 돈과 자유를 모두 빼앗으려는 군주를 더 이상 모시지 않겠다는 선언, 죽을지언정 자유인으로 남겠다는 결기로 가득 차 있었다. 그들의 중심에 선 남자가 바로 '침묵공' 빌럼 William the Taciturn으로, 앞서 소개한 마우리츠의 아버지였다. 그 역시 오라녜 공작이라고 불렸는데, 이 호칭은 이후 네덜란드 총독에게 세습된다.

오라녜는 오렌지의 네덜란드식 발음으로, 이렇게 불린 데는 배경이 있다. 프랑스 남부 오랑주 지역을 다스리던 빌럼의 사촌 르네

드 샬롱René de Chalon이 후사 없이 죽자, 빌럼이 이 영지를 상속받게 된다. 지금의 프랑스 오랑주와 네덜란드·벨기에를 아우르는 거대한 땅이었다. 오랑주는 오렌지의 프랑스식 발음으로, 오라녜와 같은 말이다(여기서 오랑주는 켈트 신화 속 물의 여신의 이름을 딴 지명으로, 과일 오렌지와는 관련이 없다. 후대 네덜란드인들이 동음이의어인 것에 착안해 오렌지색으로 국가의 상징을 만든 것이다). 물론 영지를

오라녜 공작 빌럼. 1579년, 아드리안 토머스 키 작품

지배하기 위해서는 합스부르크 제국에 충성을 다한다는 조건이 붙었다.

빌럼은 가톨릭교도였지만, 개신교에 관용을 베풀 줄 아는 사람이었다. 종교가 다르다고 시민을 죽이는 건 있을 수 없는 일이었다. 그가 합스부르크와 벌인 전쟁에 선봉에 나선 배경이다. 반反개신교 정책을 강요하는 펠리페 2세에 반대하며 그는 외쳤다. "나는 가톨릭교도지만, 군주가 신민의 영혼을 빼앗고 신앙과 종교의 자유를 억압하는 것을 찬성할 수는 없다!"

중앙은행의 등장

인구 1,000만 명의 합스부르크 제국과 100만 명의 네덜란드 사이에 전쟁이 시작되었다. 스페인 제국 군대가 네덜란드의 핵심 무역 도시 안트베르펀을 공격하면서 부유한 장인들과 상인들이 모

1656년의 암스테르담. 이곳은 세계적 무역 중심지가 되어가고 있었다.

두 북부로 피난길에 올랐다. 그 결과 네덜란드의 중심이 암스테르담으로 바뀌었다. 즉 암스테르담이 세계 제일의 무역 도시가 되었다는 뜻이다.

1581년 네덜란드는 황제를 패배시키고 공화국임을 천명한다(다만 실제 역사는 동화와 다르기에, 지지부진한 전쟁은 1648년까지 계속된다. 네덜란드 독립 전쟁을 80년 전쟁이라고 부르는 이유다).

네덜란드는 진정 위기에서 배울 줄 아는 국가였다. 스페인으로부터 독립에 성공한 뒤 암스테르담 주도하에 공공은행을 설립한다. 1609년 1월 '암스테르담 은행'이 등장했는데, 이 은행은 오늘날 중앙은행의 기원이라고도 여겨진다. 이 은행 설립의 목적은 뚜렷했다. 네덜란드 통화의 가치를 지키는 것. 스페인의 세금 착취로 동전 주조량이 급증하면서 통화 가치가 떨어지는 사태를 방지하고자 함이었다.

독립 후 처음으로 발행한 은화 라이크스달더에 약 25그램의 순은을 정확하게 넣어 주조한다. 그전까지 동전의 금속 함유량은 권력에 의해 자주 변해왔다. 하지만 순은의 비중을 일정하게 함으로써 가치 변동성을 줄이고자 했다. 은화 제조는 회계사 네 명이 달라붙어 철저한 관리 속에 진행되었다. 암호화폐인 비트코인Bitcoin이 중앙 권력으로부터 자유를 꿈꾸며 태동했듯, 암스테르담 은행 역시 제국 권력으로부터 탈주를 목표로 삼았다.

금융은 경제 혈관의 핵심이다. 암스테르담 은행이라는 기반 아래 네덜란드 상인들은 세계로 뻗어나갈 동력을 얻었다. 전쟁에서 승리한 직후부터 이미 네덜란드 상인들은 스페인과 포르투갈이 지배하던 무역 루트를 하나하나 공략하기 시작했다.

코르넬리스 드 호우트만Cornelis de Houtman, 야콥 판 넥Jacob van Neck 등 거물 상인들이 인도네시아에서 네덜란드의 경제 영토를 넓혀갔다. 인도네시아에는 오늘날의 금과 같은 가치가 있는 향신료인 후추를 수출하는 항구 반탬이 있었다. 네덜란드 상인들은 많은 함대를 가지고 인도네시아를 꾸준히 두드렸다. 제국주의의 초기 모습이었다. 많은 선원이 죽기도 했지만 400퍼센트가 넘는 이익이 돌아오는 '하이 리스크, 하이 리턴' 사업이었다. 이로 인해 인도네시아로 직접 출항하는 함대는 늘어만 갔다.

무역 리스크를 줄여줄 동인도회사의 탄생

"우리 힘을 합치는 게 어떻겠나?"

셈에 밝은 네덜란드 상인들은 현재의 상황에 만족하지 않았다. 리스크를 줄일 방법을 찾고자 했다. 그 당시 네덜란드 무역 회사들은 단일 항해 자금을 조달하고, 함대가 후추를 가득 싣고 돌

1665년 인도 벵골에 자리한 네덜란드 동인도회사 공장을 묘사한 그림.

아오면 청산하는 구조였다. 안전하게 금의환향하면 대박이 보장되지만, 해적을 만나거나 배가 난파하면 회사는 파산을 피할 수 없었다.

위험은 관리되어야 했다. 네덜란드는 통 큰 결단을 내린다. "인도네시아와 무역하는 회사들을 하나로 통합하고, 무역 독점권을 부여한다." 네덜란드 동인도회사Vereenigde Oost-Indische Compagnie, VOC의 탄생이다. 오늘날 최초의 주식회사 중 하나로 꼽히는 조직이다.

위험은 분산되고, 수익은 안정화의 길로 들어선다. 때때로 포르투갈의 무역선을 나포해 자산을 늘리기도 했다. 동인도회사는 브라질 목재, 아시아 작물, 북극고래를 거래하는 명실상부한 세계적 무역 기업이었다.

네덜란드 정부는 시민이라면 누구나 동인도회사의 주식을 살 수 있도록 문호를 개방했다. 주주들끼리 서로 주식을 교환할 수 있는 '암스테르담 증권거래소'도 문을 열었다. 이는 세계에서 가장

1670년대 암스테르담 증권거래소 안뜰. 이곳에서 동인도회사 주식이 거래됐다.

오래된 현대적 증권시장 중 하나다.

일본이 일찍부터 서구 문명을 일부 경험할 수 있었던 것도 1640년대 네덜란드 상인들로부터였다. 이제 네덜란드는 세계에서 어느 나라도 무시하지 못할 강국으로 거듭나고 있었다.

그렇다면 황금알을 낳는 거위의 주인, 스페인-합스부르크 제국은 어떻게 되었을까? 파산을 선언한다. 합스부르크 가문에 돈을 댔던 수많은 은행가들 역시 문을 닫게 되었다는 의미다.

17세기는 네덜란드의 황금기였다. 경제가 성장하자 정치가 튼튼해지고 그 찬란함 속에서 예술이 꽃을 피웠기 때문이다. 〈진주 귀걸이를 한 소녀〉의 얀 페르메이르Jan Vermeer, 〈야경〉의 렘브란트 하르먼손 판레인Rembrandt Harmenszoon van Rijn, 철학자 스피노자Baruch Spinoza도 이 시기를 빛낸 위대한 인물들이다.

1662년 자유시장 공화주의 이론가 피터 드 라쿠르Pieter de la Court는 네덜란드의 비결을 이렇게 꼽았다.

"한 나라의 정치와 경제가 효과적으로 작동하려면, 윤리와 역사뿐만 아니라 수학·회계학·상업과 무역에 능통해야 한다."

오늘날 이념 싸움에 매몰된 정치인들이 아로새겨야 할 금언이 아닐까 싶다.

네줄요약

✦ 약소국 네덜란드는 대제국 스페인으로부터 독립에 성공했다.

✦ 경제사학자들은 네덜란드 시민이 회계를 강조해 국부를 쌓을 수 있었기 때문이라고 분석한다.

✦ 재무적 지식과 스페인으로부터 독립을 시작으로 최초의 주식회사 격인 '동인도회사', 중앙은행 격인 '암스테르담 은행', 주식 거래소인 '암

스테르담 증권거래소'가 출범했다.

✦ 수학과 경제적 지식은 곧 국부의 원천이다.

참고문헌

- 제이컵 솔, 회계는 어떻게 역사를 지배해왔는가, 메멘토, 2016년

04 장자가 다 상속받던 시대의 차남들

시기 ✦ 9~18세기
키워드 ✦ 장자상속제, 봉건주의, 십자군 전쟁,
　　　　　대항해시대, 미국의 탄생
지역 ✦ 예루살렘 왕국, 스페인, 영국, 미국
인물 ✦ 샤를마뉴(카롤루스 대제), 십자군 왕국의 왕들,
　　　　　신대륙 정복자들, 유럽의 차남 이하 아들들

스산한 숲. 빛이 거의 들지 않는 이곳에는 오로지 새의 지저귐과 풀벌레의 울음소리만 가득하다. 인기척이라고는 전혀 느낄 수 없는 이곳을 한 남자가 지나간다. 하얀 말을 타고 고급스러운 옷을 맵시 있게 입었지만 표정은 어둡기 그지없다. 사색에 잠긴 그의 고민은 깊어 보였다. 온갖 번민에 휩싸여 자연으로 도피한 것이었을까? 이윽고 남자의 말이 멈춘다. 그 앞에는 누군가가 잠들어 있었다. 뽀얀 얼굴에 귀티가 흐르는 여인이었다. 마치 한 나라의 공주처럼 보이는 묘령의 존재에 남자의 표정은 어느새 밝아졌다. 고민에 대한 해결책을 찾은 것처럼 보였다. 주위를 두리번거리더니 숲속에 자신과 그녀밖에 없다는 걸 확인하고는 회심의 미소를 지었다. 그리고 여성은 원치 않은 임신을 하게 되었다.

〈잠자는 숲속의 공주〉의 원작으로 알려진 이야기의 줄거리다. 백마를 탄 왕자가 숲속을 헤매다가 마법으로 잠에 빠진 공주를 사랑하게 되는 이 이야기는 1330년 프랑스에서 구전으로 시작해 스페인 카탈루냐, 이탈리아까지 퍼져나갔다. 우리에게는 디즈니의 어린이용 만화로 각색되면서 더욱더 익숙해졌다. 그리고 여기에는 경제라는 줄기가 얼기설기 얽혀 있다.

신붓감 찾아 떠난 귀족들이 많았던 중세

〈잠자는 숲속의 공주〉는 유럽 전역에 보편적으로 퍼진 이야기로, 그저 동화가 아니라는 분석이 있다. 실제로 중세 유럽에 공주를 찾아 헤매는 백마 탄 왕자나 귀족들이 유독 많았다. 얼굴이 예쁘고 돈도 많으면서 집안도 훌륭한 꿈같은 신붓감을 찾아 자신만의 길을 떠나는 남자들이 중세 유럽 전역에 넘쳐났다.

여기에는 경제적 이유가 있었다. 내로라하는 집안 자제로 떵떵거리면서 살아왔던 이들이 정작 독립할 때가 되면 무일푼 신세로 전락했다. 집이 망한 게 아니었다. 그저 맏아들이 아니었기에 그 많은 재산 중에 그가 물려받을 것이 하나도 없었던 탓이다. 결국 좋은 집안에 장가가서 인생역전을 노려야 하는 처지였다.

중세 유럽에는 장자상속제가 자리 잡고 있었다. 모든 걸 큰아들에게 물려준다는 의미였다. 영지도, 재산도, 귀족 타이틀도 그러했다. 차남 이하의 아들들과 사생아, 여자는 외면받을 수밖에 없는 구조였다. 같은 아버지에게서 난 자식인데도 차별은 극에 달했다.

에드워드 프레더릭 브루투널의 〈잠자는 숲속의 미녀〉. 19세기 중반 작품.

장자에게 모든 걸 물려주게 된 데는 역사적 배경이 있다. 유럽을 위기에서 구해내고 가톨릭을 기반으로 제국을 건설한 프랑크 왕국 샤를마뉴로부터 시작된다. 그는 롬바르드족과 작센족을 굴복시키고 유럽을 다시 통합한 위대한 인물이었다. 교황으로부터 황제의 관을 받으면서 다시 (신성) 로마 제국의 황제 카롤루스 대제가 되었다. 그가 '유럽의 아버지'로 불린 이유다.

하지만 그의 죽음에서부터 비극이 시작된다. 위대한 호랑이의 자손이 들개에 가까웠기 때문이다. 샤를마뉴가 죽은 뒤에 손자 셋은 끊임없이 전투를 벌였다. 옥토를 서로 차지하기 위해서였다. 형제간의 암투 끝에 제국은 분할된다. 843년 맺은 베르됭 조약에 의해 서프랑크(프랑스), 중프랑크(북부 이탈리아·스위스 등), 동프랑크(독일)로 찢어진 것이다. 느슨해진 제국은 먹잇감으로 전락한다. 마자르족, 바이킹족이 잇달아 침략해왔지만, 제국에는 백성을 지켜줄 여력이 더는 없었다. 약탈당하고, 수습하고, 다시 약탈당하고…. 샤를마뉴와 함께 빛나던 제국이 황혼에 저물고 있었다.

머나먼 제국의 법전보다 가까운 건 영주의 주먹이었다. 소작농을 지켜주겠다며 기꺼이 군사 작전을 펼친 영주들이 나타났고, 국토 방방곡곡을 방어하기 힘들었던 왕들 역시 영주에게 토지를 하사하면서 지역 방어의 책임을 맡겼다. 그 대신 세금과 소작료를 받을 권리까지 함께 넘겼다. 이것이 봉건주의의 시작이다. 봉건주의와 함께 상속에 대한 원칙도 자리 잡는다. '큰아들이 모든 것을 갖는다'는 극단적인 규칙이었다. 하지만 이제 그들은 '분열은 멸망의 실마리가 된다'는 것을 본능적으로 알고 있었다. 프랑크 왕국이 남긴 교훈이었다.

바이킹과 마자르 같은 야만족이 성 밖에서 진을 치고 있는 상황에서 영지를 여러 개로 쪼갠다는 건 상상도 못 할 일이었다. 토지와 재산이 나뉘었을 때 오는 경제적 비효율성도 무시할 수 없었다. 장남을 제외한 모든 자식에게는 날벼락 같은 소식이었지만, 그 시절 유럽의 하루하루는 생과 사의 경계에 있었다. 자식들의 욕망을 모두 들어줄 수 없는 처지였다. 경제학의 아버지 애덤 스미스 Adam Smith의《국부론》한 대목을 옮겨 적는다.

'시민의 안전은 토지의 위대함에 달려 있었다. 토지는 분할되지 않은 상태로 상속되는 것이 더 낫다고 여겨졌다. 토지를 나누는 것은 토지를 파괴하는 것이었다. 침략에 삼켜지도록 노출하는 것이었다.'

차별받던 자식들의 반전

한순간에 들로 옮겨진 꽃들의 생명력은 생각보다 강했다. 누군가는 성직자가 되고, 누군가는 전쟁터로 나갔으며, 누군가는 신붓감을 찾아 나섰다. 대를 이을 아들이 없는 귀족 가문의 여식이면 금상첨화였다. 사위인 자신이 늠름한 자식이 되어주는 것으로 그들 또한 재산을 지킬 수 있기 때문이었다. 내쳐진 귀족의 자제들이 아내가 되어줄 여자를 찾아 헤맨 배경이다. 그리고 그들은 이야기가 되어 〈잠자는 숲속의 공주〉 속 왕자로 남았다.

야생은 잠재력을 발굴하기 좋은 장이다. 가족이라는 울타리 밖에서 대성공을 거둔 차남 이하 아들들의 성공신화가 잇따른 곳은 아름 아닌 1096년 십자군 전쟁터였다. "신이 그것(예루살렘)을 원하신다"는 한마디로 독실한 기독교인들이 운집했다.

이교도로부터 성지를 탈환하겠다는 숭고한 이상 속에는 상속받을 것이 없던 비운의 사내들이 품은 야망이 뒤섞여 있었다. 새로운 땅에서 신의 뜻을 완성하면서 자신도 떳떳한 군주가 되어보겠다는 포부를 가진 이들이었다.

십자군은 예루살렘을 비롯한 레반트 지역 점령에 성공했다. 예루살렘 왕국, 안티오크 공국, 트리폴리 백국 등 다양한 기독교 국가가 세워졌다. 군주 고드프루아 드부용 Godefroy de Bouillon, 보에몽 1세 Bohemund I, 레몽 4세 Raymond IV 모두 귀족 가문에서 자랐지만 상속받지 못한 서러운 아들들이었다. 가족의 영지는 큰아들에게 양보했지만 성지에서 군주가 되는 인생역전에 성공한 것이다(물론 십자군의 불꽃은 살라흐 앗딘이라는 불세출의 이슬람 영웅에 의해 꺼져버리긴 했지만 말이다).

세계 경제의 중심축인 아메리카에도 차남들의 울분이 서려 있다. '대항해 시대'는 이탈리아인 콜럼버스 Christopher Columbus가 스페인의 여왕 이사벨 1세 Isabel I와 그녀의 남편 페르난도 2세 Fernando II의 지원을 받고 아메리카를 발견하면서 연 새로운 시대였다. 새 땅은 언제나 새로운 기회를 상징했기에, 차남들의 가슴은 두근거렸다. 집에서 뛰쳐나와 자신만의 가문을 만들겠다는 열정적인 사내들이 배에 올라탔다. 대서양 망망대해를 건너야 하는 고난의 연속

그리스 선박에 탄 십자군 지도자들을 묘사한 19세기 그림. 에밀 시뇰 작품.

이었지만, 개의치 않았다. 아무것도 가지지 못한 채 꿈 없이 죽어가는 삶이야말로 이들에겐 지옥이었기 때문이다. '콩키스타도르Conquistador 정복자'의 탄생이었다.

잉카 제국을 무너뜨린 스페인 정복자 프란시스코 피사로Francisco Pizarro는 하급 귀족 가문의 사생아로 태어나 상속받을 것이 전혀 없던 남자였다. 태평양을 최초로 발견한 바스코 누네즈 데 발보아Vasco Núñez de Balboa도 셋째로 태어나 상속에서 배제된 인물이었다.

아스테카 왕국을 무너뜨린 에르난 코르테스Hernán Cortés 역시 하급 귀족 출신으로서 비루한 삶을 바꿔보고자 신대륙으로 향한 인물이었다. 그들의 삶이 경제적 풍요로 가득했다면 그들은 결코 신대륙의 정복자가 되지 못했을 것이다. 결핍은 때로는 축복이다 (그리고 아메리카 원주민에게는 재앙이었다).

피사로의 페루 정복 사건을 주제로 한 〈갈로섬의 13인〉. 후대 페루 화가 후안 레피아니의 작품.

장자상속제, 미국을 만들다

라이벌 국가 스페인 남자들의 로망을 지켜보는 국가가 있었다. 영국이었다. 그곳 역시 장자상속은 견고했기에 장남이 아닌 아들들은 변호사, 성직자, 사업가와 같은 직업으로 생계를 꾸려나가고 있었다. 그때 신대륙을 발견했다는 소식이 들려왔다.

이들은 아메리카 대륙을 일종의 구원으로 여기기도 했다. 국교인 성공회를 믿지 않고 청교도적인 믿음을 고수하던 사람들에게 특히 그랬다. 국가가 이들을 점점 억압하고 있었기 때문이다.

메이플라워호를 시작으로 수많은 영국의 선박이 신대륙을 향했다. 누군가는 종교적 구원을, 또 누군가는 세속적 욕망을 꿈꾸면서 이 배에 탔다. 그들 중에는 미국 독립선언서를 작성한 벤저민 프랭클린Benjamin Franklin의 아버지 조사이아Josiah도 있었다. 그 역시 집안의 다섯째 아들로 어떤 경제적 이득도 기대할 수 없는 사람이었다.

영국 기사 집안의 넷째 아들 윌리엄 랜돌프William Randolph도 배를 타고 건너와 버지니아주를 개척한다. 그의 후손 중 하나가 토머스 제퍼슨Thomas Jefferson, 미국의 3대 대통령이다. 미국의 초대 대통령 조지 워싱턴George Washington 정부에서 법무부 장관을 지낸 에드먼드 랜돌프Edmund Randolph도 그의 피를 이어받았다. 많은 정치적 거물을 후손으로 둔 덕인지, 윌리엄 랜돌프의 별명은 '버지니아의 아담'이다.

미국은 장자상속제에 한이 서린 이들이 개척한 나라라고 해도 과언이 아니다. 그 때문이었을까, 독립 직후부터 미국의 주요 주들은 법으로 장자상속을 금지한다. 자식들에게 공정하게 재산을 나눠줄 것을 천명한 것이다. 윌리엄 랜돌프의 후손 토머스 제퍼슨 역시 장자상속제를 폐지하려고 한 대표적 인물이었다.《미국의 민주주의》를 쓴 알렉시 드 토크빌Alexis de Tocqueville은 "장자상속제는 수많은 자녀들이 가족 재산 밖에서 부를 추구하게끔 추동함으로써, 역설적으로 귀족제의 몰락과 민주주의의 도입을 앞당겼다"고 말했다. 즉 세계 경제와 민주주의를 이끄는 미국이라는 기함국을 움직인 동력은 배제된 상속자의 눈물이었던 셈이다.

1941년 8월, 미국 대통령 프랭클린 D. 루스벨트Franklin D. Roosevelt와 영국 총리 윈스턴 처칠Winston Churchill이 만났다. 제2차 세계 대전을 논의하기 위해서였다. 가벼운 사담이 오갔는데, 그 소재는 장자상속제였다. "영국에서는 재산을 모두 한 자녀에게 물려준다니, 참 이해가 안 됩니다."라고 말하는 루스벨트에게 처칠이 이렇게 맞받는다. "재산을 나누는 건 저주입니다. 영국의 장남은 모든 걸 갖습니다. 그 경쟁력으로 미인을 얻지요. 그래서 제가 잘생겼습니다." 자신의 가정에 빗대 장자상속제를 옹호한 것이다(하지만 실제 처칠의 아버지는 삼남이었다).

처칠의 농담과는 달리 장자상속은 불평등하고 불합리하며, 차

델라웨어강을 건너는 조지 워싱턴을 묘사한 1851년, 에마누엘 로이체 작품.

별적인 제도였다. 동시에 인간의 독립 의지를 추동하는 것이었고, 가능성을 시험하는 촉매도 되었다. 인간은 누군가에 기대지 않을 때 가장 온전히 자신의 가능성을 구현한다. 상속에서 배제된 사람들이 만들어낸 세계가 우리에게 던지는 메시지다.

네줄요약

✦ 카롤루스 제국이 세 손자에게 나뉘면서 야만족의 침입이 거세졌고 이를 막고자 '봉건주의'가 발달했다.

✦ 봉건제에서 토지를 분할 상속할 경우 경제적 비효율성과 방어 취약 문제가 제기됐고, 결국 큰아들이 모두 갖는 '장자상속제'가 자리를 잡았다.

✦ 빈손으로 집을 나온 차남들은 새로운 기회를 찾고자 십자군으로 참전해 성지의 군주가 되기도 했고, 신대륙에 적극적으로 투신해 새로운 가능성을 일궈냈다.

✦ 토크빌은 차별적인 장자상속제가 역설적으로 귀족제의 몰락과 민주주의의 도입을 앞당겼다고 분석했다.

참고문헌

- 안드레이 코코넨 외, 장자상속제의 기원과 확산, 정치적 계승:1000~1800년 유럽에서의 안정된 군주제 구축, 2022년
- 이동민, 제1차 십자군 전쟁에 대한 다중스케일적 재해석, 한국지리학회지 제12권 1호, 2023
- 박신영, 백마 탄 왕자들은 왜 그렇게 돌아다닐까, 페이퍼로드, 2013년

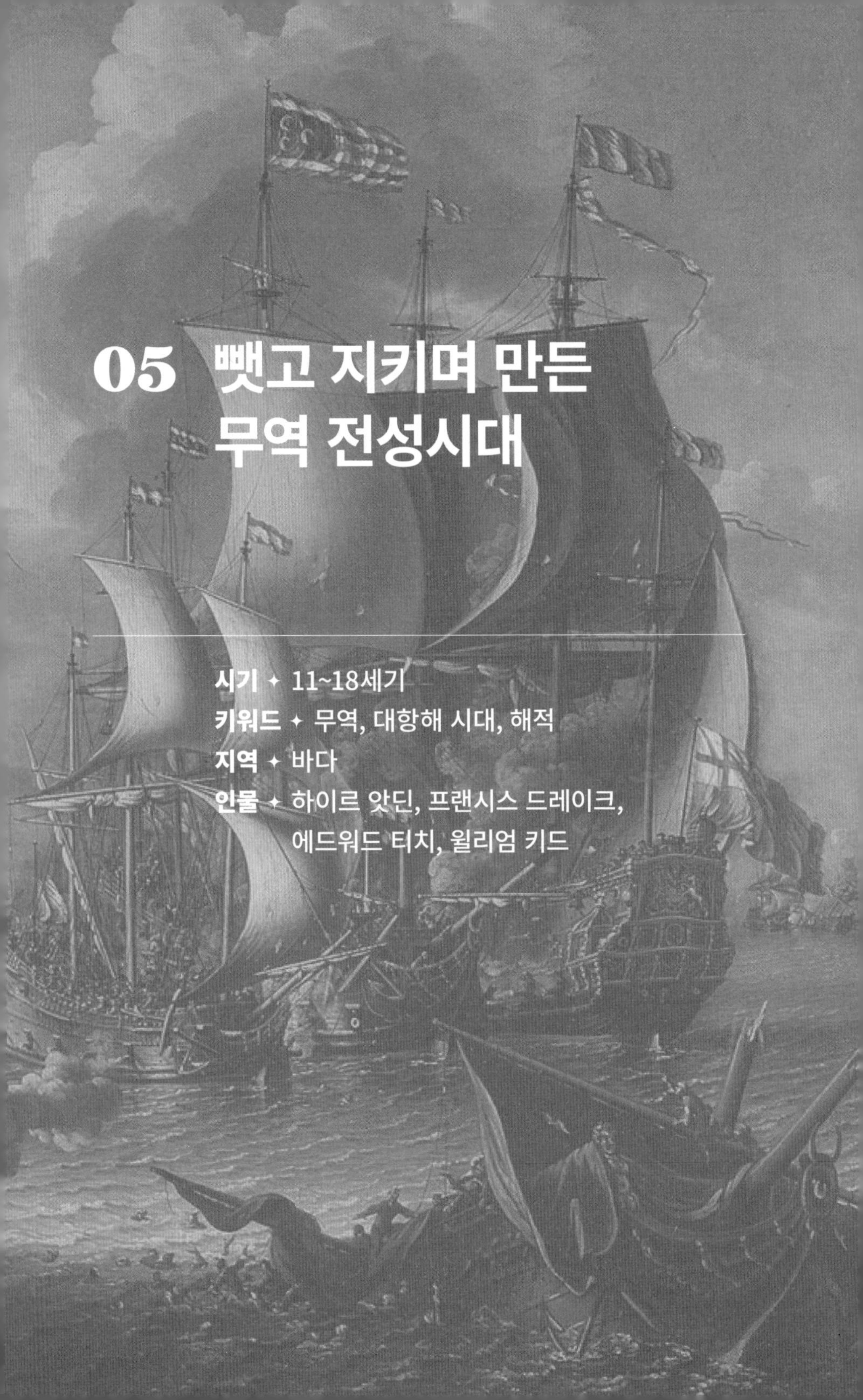

05 뺏고 지키며 만든 무역 전성시대

시기 ✦ 11~18세기
키워드 ✦ 무역, 대항해 시대, 해적
지역 ✦ 바다
인물 ✦ 하이르 앗딘, 프랜시스 드레이크,
에드워드 티치, 윌리엄 키드

역사상 가장 많이 팔린 책은 무엇일까? 답은 50억 부가 판매된 《성경》이다. 만화책으로 범위를 좁혀보면, 왕좌는 《원피스》 시리즈가 차지한다. 1997년 첫 권이 나온 이후 2025년 110부가 나올 때까지 5억 부나 팔렸기 때문이다. 원피스가 만화계의 성경이라고 불리는 이유다. 《원피스》는 해적 루피가 보물 '원피스'를 찾아 나서는 여정을 그리고 있다. 27년간 연재되고 있는데도 그 인기는 여전히 식을 줄을 모른다. 넷플릭스Netflix에 실사 영화가 등장했을 정도다.

1866년 장 레온 제롬의 〈슬레이브 마켓〉. 이슬람 해적단에 의해 납치된 백인 여성들.

《원피스》는 허구의 이야기지만, 그 기반에는 실화가 적절히 녹아 있다. 수많은 캐릭터 속에 실존한 '바다 사나이'들이 있기 때문이다.

태초에 해적이 있었다

해적은 인류의 역사와 함께 등장했다. 고대 로마의 카이사르 Julius Caesar가 해적에게 포로로 잡혔다는 기록이 있었을 정도다. 해

중세 지중해를 주름잡은 바르바리 해적. 1681년, 로렌초 A. 카스트로 작품.

적들은 부유한 국가의 부를 무력으로 빼앗는 걸 즐겼다. 무역이 활발할수록 약탈품도 늘어갔다. 포도주, 올리브유, 밀, 노예가 이들의 먹잇감이었다. 로마는 제국의 전 거점에서 물류를 운송했는데, 이런 양질의 보물들을 해적이 놓칠 리 없었다. 로마의 군사들은 육지에서는 무적이었지만, 해적의 홈그라운드인 바다에서는 예외였다.

11세기부터 지중해는 해적으로 몸살을 앓았다. 무역의 핵심 지역인 북아프리카 모로코에서 이슬람 해적들이 명성을 떨쳤다. 바르바리 해적이었다. 1530년 이후 약 200년 동안 150만~200만 명 이상이 이들에게 노예로 끌려갔다는 기록이 있을 정도다.

이슬람의 맹주인 오스만 제국은 바르바리 해적을 전략적으로 육성했다. 스페인이 '레콩키스타(재정복)'로 이슬람 세력을 이베리아반도에서 완전히 몰아냈을 때다. 오스만 제국으로서는 동유럽과의 전쟁에 집중하기 위해서라도 서유럽을 견제할 필요성이 있었다. 바르바리 해적을 물질적으로 지원하면 서유럽이 해안을 통해 오스만 제국을 공격하지 못할 것이라는 계산이었다.

바르바리 해적들은 오스만의 '사략선(국가로부터 적선을 공격하고 약탈할 허가를 받은 민간 선박)' 역할을 충실히 해냈다. 지중해와 북해에 면한 국가들을 약탈할 때는 기독교 여성들을 납치하기도 했다. 오스만 제국 '하렘'의 노예로 삼기 위해서였다. 금발에 흰 피부를 가진 여인들이 오스만 제국 군주들의 후궁으로 이름을 알린 배경이다.

백인 여성들은 '화이트 골드'라고 통할 정도로 인기가 대단했다. 오스만 제국에서 가장 위대한 군주로 통하는 술레이만 1세 Süleyman I의 황후는 우크라이나 출신의 록셀리나Roxelana라는 여성이었다. 노예로 끌려와 황후까지 오른 입지전적인 인물이다. 술레이만이 그녀를 어찌나 사랑했던지, 그에 관한 세레나데가 지금도 전해진다. "나의 동반자, 나의 사랑, 빛나는 나의 달빛이여."

술레이만에게 가장 인정받던 해적은 하이르 앗딘이었다. 스페인에 공격받은 알제를 구원해 지도자로 오르면서였다. 빨간 턱수염으로 기독교 세력에 맞섰기에 그는 '붉은 수염'으로 불리기도 했다.

술레이만 대제는 그의 공적을 인정해 바르바리 해적인 그를 오스만 제국 해군 총사령관으로 임명하기도 했다. 이 명성에 걸맞게

내가 이 바다의 주인이라네.
하이르 앗딘.

그는 카를 5세 Karl V의 무적함대를 격파하는 대활약을 펼쳤다. 지금도 튀르키예에서 하이르 앗딘은 '해군의 아버지'로 통한다.

적국에는 해적이고 국민에겐 영웅이었던 그들

"우리도 해적을 육성하자."

해적을 정치적으로 이용하는 오스만의 전략을 유심히 지켜보는 이들이 있었다. 바로 영국이었다. 제국을 일군 스페인의 강력한 해군과 싸우기에 영국은 아직 미약한 나라에 불과했기 때문이다. '강 대 강'으로 맞붙으면 참패할 게 자명했다. 엘리자베스 1세 Elizabeth I 역시 오스만 제국의 지혜를 빌렸다. 해적을 육성해 스페인의 상선과 무적함대를 교묘히 괴롭히는 전략이었다.

그때 등장한 인물이 프랜시스 드레이크 Francis Drake였다. 제법 괜찮은 집안에서 태어났으나 정치적인 이유로 집안이 몰락하는 바람에 어려서부터 사략선에 올라 아메리카 대륙까지 섭렵한 경력자였다. 그때부터 스페인의 상선을 무자비하게 털어 명성이 높았다. 엘리자베스 1세는 프랜시스 드레이크를 자신의 임무를 수행할 적임자라고 여겼다. 물론 외교 관계에 문제가 생길 수 있는 만큼, 임무는 비밀리에 은밀하게 수행되었다. 오늘날 국정원의 블랙요원처럼.

1570년 드레이크는 임무를 완벽히 수행했다. (영국 왕실이 지원한) 원정대를 이끌고 스페인 앞바다로 항해해 스페인 왕실의 재물을 훔쳐 오는 데 성공한 것이다. 그가 엘리자베스 1세에게 바친 재화는 30만 파운드에 달했다. 당시 영국 왕실의 1년 국고 수입보다 많은 액수였다. 원래 아메리카 대륙까지 제집 드나들듯 하는 그에게는 어려운 일도 아니었다. 마젤란 Ferdinand Magellan 다음으로 세계

일주를 완수한 것도 드레이크였다.

스페인은 영국 왕실에 영국의 해적들을 소탕할 것을 공식 요청하지만, 엘리자베스 1세는 침묵을 지켰다. 두 나라 사이에 전운이 감돌았다. 가톨릭의 무적함대 스페인과 개신교의 신성 영국의 대결이었다.

엘리자베스 1세는 더 이상 숨기지 않았다. 1581년 드레이크를 불렀다. 신하들 모두가 모인 자리에서 그에게 기사 작위를 내렸다. 해적 드레이크에서, 드레이크 경이 된 것이었다. 영국의 함대를 지휘하라는 무거운 책임이 그에게 지워졌다.

1588년 7월, 영국 앞바다인 도버 해협에 141척의 함선이 출몰했다. 스페인의 무적함대였다. 영국을 더 이상 좌시하지 않겠다는 펠리페 2세의 분기가 담겨 있었다. 이름도 유명한 칼레 해전이다.

드레이크는 완벽한 바닷사람이었다. 해류를 읽고 빠른 기동성을 살리는 전략을 구사했다. 해적처럼 치고 빠지는 '아웃복서' 스타일에 스페인 함대는 정신을 차릴 수 없었다. 안달루시아 함대를 포박해 항복을 받아낸 것 역시 드레이크였다.

영국은 여덟 척의 함선에 불을 붙여 바람에 흘려보냈다. 화공법이었다. 《삼국지》의 적벽대전처럼, 그 함선이 스페인 무적함대의 전열을 완전히 깨뜨렸다. 이제 바다의 지배자는 영국이었다. 대영제국의 시작을 알린 영웅이 '해적'이었던 셈이다.

드레이크는 1596년 열병으로 사망하기 직전에 다음과 같은 말을 남겼다. "미래에 영국이 큰 전쟁에 휘말리게 된다면 내가 전쟁을 지휘할 때 사용한 북을 울려 미리 알리겠다." 그리고 1914년 제1차 세계 대전 때 이 북이 영국 함대에서 울렸다고 전해진다. 영국인이 가장 존경하는 인물 중 하나로 드레이크를 꼽는 배경이다.

드레이크가 보여주듯, 해적의 주요 앞마당은 이제 지중해를 벗어나 아메리카 대륙까지 뻗어간다. 콜럼버스의 신대륙 발견 이후 모든 무역의 중심지가 아메리카를 중심으로 이뤄지면서다. 보물이 있는 곳에 도둑이 있기 마련, 해적들은 북아메리카와 남아메리카 사이인 카리브해Caribbean 주변을 본거지로 삼고 약탈을 일삼기 시작한다. 18세기 카리브해는 그야말로 '대해적의 시대'라고 불릴 정도로 해적의 세상이었다.

그중 가장 유명한 악당은 에드워드 티치Edward Teach, 일명 '검은 수염'이었다. 1713년부터 카리브해에서 활동한 그는 가장 강력한 해적 중 하나로 통한다. 노략질 4년 만에 그가 약탈한 금액은 150억 원에 달한 것으로 추정된다. 영국 브리스틀에서 태어나 큰 키와 덩치로 엄청난 중압감을 보였다고 전해진다.

영국 함대에 승선한 적이 있던 그는 전쟁이 끝난 뒤 해적으로 전업했다. 그리고 40척이 넘는 배를 약탈할 정도로 악명 높은 인물이 되었는데, 카리브해에서 프랑스 국적 노예 운반선인 콩코드를

무적함대를 무찌른 후 지구본 위에 손을 올린 엘리자베스 1세 초상화.

나포한 것도 그였다.

영국 해군은 에드워드 티치를 주시하고 있었다. 상업 활동에 방해를 주는 그를 방치할 수 없었기 때문이다. 1718년 11월 영국 해군이 티치의 해적단을 포위하는 데 성공한다. 그는 끝까지 저항했지만 영국 해군을 당해낼 수는 없었다. 25곳에 상처를 입은 뒤 그의 거대한 몸뚱이가 쓰러지고 만다.

해적의 보물, 사람들을 바다로 이끌다

해적은 배를 타고 바다를 누비며 다른 배나 해안 지방을 습격해 재물을 빼앗는 강도를 말한다. 그들 입장에서는 망망대해 어딘가에 숨어 있을 '보물'을 찾는 사람들이었다. 앞서 소개한 만화《원피스》역시 전설적인 해적이 남긴 보물을 찾아 나서는 여정을 그리고 있다. 그런데 이 이야기에는 모티브가 존재한다.

한 해적이 엄청난 보물을 숨겨놓은 채 죽음을 맞이했다고 알려져 있기 때문이다. 17세기의 영국 해적 윌리엄 키드William Kidd가 그 주인공이다.

스코틀랜드 출신의 키드는 영국 정부로부터 프랑스 선박을 공격하는 임무를 받은 사략선의 선장이었다. 임무에 여러 차례 성공했지만, 어느 날 문제가 생겼다. 착오로 인도 무굴 제국의 선박을 포획한 것이었다. 이 사건이 외교 문제로 비화하자 집권당인 휘그당은 곤혹스러운 상황에 빠진다. 야당인 토리당이 지속해서 문제 제기를 했기 때문이다. 휘그당은 궁여지책으로 '꼬리 자르기'를 결심했다. 키드를 해적으로 몰아 사형시키고 자신들과 연결된 고리를 끊어버리는 것이었다.

사형이 결정된 후 키드는 세계 각처에 자신이 숨겨놓은 보물에 대해 털어놓았다. 실제로 그 장소로 추정되는 곳에서 귀중품이 발견되기도 했다. 뉴욕 인근 가디너스섬도 그 후보군 중 하나였다. 그가 죽은 뒤에 전설은 살을 더해갔다. 세상 모든 진귀한 보물을 그가 특정 장소에 숨겨뒀다는 내용이었다. 로버트 루이스 스티븐슨Robert Louis Stevenson의《보물섬》과《원피스》등 각종 보물찾기 콘텐츠의 시작이었다. 실제로 발견된 보물은 거의 없다시피 하지만, 그는 '이야기'라는 엄청난 보물을 남긴 셈이다.《원피스》의 작가 오다 에이치로尾田栄一郎의 재산은 수천억 원으로 추산된다. 해적이 남긴 진정한 보물을 찾은 사람은 어쩌면 이야기에서 보물을 길어 올린 그일지도 모르겠다.

네줄요약

✦ 고대부터 해적은 존재해왔다. 바다까지 공권력이 미치지 못해서다.
✦ 정치 권력은 해적과 손을 잡기도 했다.
✦ 오스만 제국은 해적 하이르 앗딘을 이용해 기독교 세력을 견제하고, 영국은 해적 드레이크를 활용해 스페인의 무적함대를 무찔렀다.
✦ 기술의 발전으로 인류가 해상을 장악하며 해적이 거의 사라졌지만, 해적의 이야기는 여전히 소비되며, 또 다른 보물이 되었다.

참고문헌

- 앵거스 컨스텀, 해적의 역사, 가람기획, 2002년

2

역설의 경제사

06 위기가 만들어낸 새로운 영국

시기 ✦ 11~17세기
키워드 ✦ 무역, FTA, 조세제도, 백년 전쟁, 산업혁명
지역 ✦ 영국, 플랑드르
인물 ✦ 정복왕 윌리엄

누구에게나 별의 순간이 있다. 따뜻한 봄, 그에게도 그날이 찾아왔다. 흠모해온 연인에게 청혼의 뜻을 전달할 결심이 선 것이다. 뽀얀 얼굴에 귀티가 흐르던 그녀, 남자의 마음을 한순간에 뒤흔든 여인에게 보낼 편지에 적어 내려가는 한 자 한 자에 진심을 담았다.

일주일 정도 흐른 뒤에 그녀로부터 답장이 도착했다. '신분이 천한 당신과 결혼할 수 없어요.' 사생아였던 남자의 출생을 문제 삼은 것이었다. 모욕을 담은 거절의 뜻에, 평생 행복하게 해주겠노라는 맹세는 분노의 열기와 함께 타버렸다. 그는 그 길로 여자를 찾아갔다. 여자를 마주한 그는 그녀의 뺨을 때리고 머리채를 잡아챘다. 그러고는 말 안장에 얹어놓은 박차를 가져와 옷을 갈기갈기 찢었다. 워낙 순식간에 일어난 일에 방심하고 있던 가족들이 정신을 차리고 남자에게 칼을 겨눈다. 딸을 욕보인 데 대한 보복이 시작되려던 그때 칼끝에서 두 팔을 뻗어 막아서는 사람이 있었다. 방금까지 모욕당했던 그 여인이었다. 그녀가 외친다. "전 이 남자를 사랑하게 됐어요."

사디즘(가학증)과 마조히즘(피학증)의 냄새가 짙은 이 사랑꾼들의 이름은 윌리엄William I과 그의 연인 마틸다Martilda of Flanders였다. 두 사람은 후에 영국의 노르만 왕조를 세우는 군주가 된다. 제국이 될 영국의 경제적 초석을 닦은 인물이기도 했다. 이 커플의 행보는 경제사의 영토 위에 뚜렷한 발자국을 남겼다.

영국의 역사에서
가장 중요한 군주로
꼽히는 정복왕 윌리엄.

영국을 뒤흔든 외국인 왕

　남자 주인공 윌리엄의 직업은 프랑스 노르망디의 공작으로, 가학 성향은 그의 핏줄에 이미 숨어 있던 것이었다. 그의 선조가 바이킹이었기 때문이다. 바이킹은 그저 단순한 해적집단이 아니었다. 스웨덴·노르웨이·덴마크에서 튀어나와 전 유럽을 호령한 이들이었다. 이웃 그레이트브리튼에서 노략질을 일삼다가 저 멀리 이탈리아의 시칠리아까지 점령한다. 아이슬란드와 그린란드, 아메리카 대륙을 (유럽인 중에서) 처음 발견한 이들 역시 바이킹일 정도로 항해에 능했다. 러시아 서쪽부터 지중해를 건너 아랍 세계까지, 그들은 전 세계를 누볐다.

그들은 무역에도 재능이 있었다. 도시의 성벽에 가로막혀 약탈이 불가능해지면, 그들은 전사의 갑옷을 벗고 기꺼이 상인이 되었다. 실제로 아랍에서 유통된 동전들이 스웨덴의 바이킹 주거 지역에서 대량으로 발견되기도 했다. 지근거리에 있는 프랑스는 바이킹을 막을 만큼 국력이 굳건하지 못해 약탈의 표적이 되었고, 해안 주민들은 언제나 불안에 떨어야 했다. 이때 프랑스 군주 샤를 3세Charles III가 묘안을 떠올렸다. 바이킹에게 땅을 하사하고 그곳의 영주로 삼는 것이었다. 여기에 붙은 조건은 하나, 다른 바이킹과 야만족의 침략을 막아주는 것이다. 서유럽판 이이제이以夷伐夷·**오랑캐로 오랑캐를 친다**의 좋은 사례다.

프랑스 서쪽 해안가 지역을 노르망디Normandy라고 부른 것도 여기서 유래했다. 북방인의 땅이란 뜻이다. 바이킹의 후손 윌리엄은 이제 어엿한 노르망디의 공작으로 불리고 있었다.

노르망디 공작이라는 타이틀에 떡 벌어진 어깨와 타고난 배포까지, 윌리엄은 누가 봐도 훌륭한 신랑감이었지만 그에게도 약점은 있었다. 어머니가 가죽을 만드는 무두장이의 딸이었기 때문이다. 아버지 로버트가 불륜으로 낳은 아들이었다. 정통성을 절반밖에 인정받지 못하는 인물이었기에 프랑스 왕가의 피가 흐르는 플랑드르 귀족 마틸다가 그와의 결혼을 거부했던 것이다.

바이킹은 포기를 모른다. 윌리엄은 말을 타고 노르망디에서 플랑드르 브뤼헤까지 달려가 사랑을 쟁취했다. 마틸다도 그의 박력에 매료되었다. 이제 윌리엄은 노르망디의 영주이자, 플랑드르의

19세기 프랑스 화가
알프레드 기야르가 그린
마틸다의 초상화

어엿한 사위가 되었다.

    DNA에 내재한 바이킹의 혈기는 그의 눈을 나라 밖으로 향하게 했다. 도버 해협 건너 영국이었다. 때마침 영국의 군주 '참회왕' 에드워드Edward the Confessor가 후사를 남기지 못하고 세상을 떠났다. 빈 왕좌를 노리는 사람은 노르망디의 윌리엄과 영국의 귀족 해럴드였다. 한 나라를 두고 헤이스팅스에서 벌어진 일대 격돌에서 윌리엄이 승리했다. 그 결과 영국은 외국인을 군주로 모시게 될 비운의 운명에 놓였다. 그가 '정복왕' 윌리엄William the Conqueror으로 불리게 된 이유다.

섬나라 영국, 대륙과 연결되다

윌리엄의 사람들은 점령군 노릇을 톡톡히 했다. 윌리엄은 앵글로색슨 귀족들의 영지를 모두 빼앗아 노르만 귀족들에게 분배했다. 이때 4,000명이 소유하던 영지가 고작 200명의 귀족들에게 재분배된다.

혹시라도 재산을 빼앗긴 앵글로색슨이 반란을 일으킬까, 새로운 노르만 영주들은 철옹성을 지었다. 그로 인해 영국 전역에 많은 성들이 세워졌다. 앵글로색슨족은 분해도 할 수 있는 일이 없었다.

헤이스팅스 전투에서 승리한 윌리엄을 묘사한 19세기 화가 포드 브라운의 작품.

곡괭이나 호미 따위로 으리으리한 성을 무너뜨릴 수는 없는 노릇이기 때문이었다. 나라 잃은 설움은 예나 지금이나 다름이 없다.

일견 치욕의 역사로 보이지만, 영국 경제는 역동적으로 변하고 있었다. 유럽 대륙으로 향하는 영국 무역선이 많이 늘어났다. 윌리엄과 마틸다가 프랑스에 있는 영지 노르망디·플랑드르와 영국의 교역을 추진한 것이었다. 정치적으로 이뤄진 'FTA free trade agreement, 자유무역협정'라고 해야 할까. 자급자족의 경제 체제에서 무역 국가로 발돋움하게 된 셈이다. 바이킹의 무역 DNA가 윌리엄의 피에 살아 숨 쉬고 있었기에 가능한 일이었다.

특히 섬유 산업에서 시너지가 톡톡히 터져 나왔다. 당시 영국은 고품질의 양모로 유명했고, 플랑드르는 섬유 만드는 기술로 이름났다. 영국의 양모가 플랑드르로 수출되는 양이 점차 늘어나면서 플랑드르는 유럽 최고의 섬유 생산 지역으로 발돋움했다. 무역이 국부의 원천이라는 건 예나 지금이나 경제사의 진리다. 부가 쌓여가자 요크 같은 무역 도시들도 점차 덩치를 키워가기 시작했다.

무역으로 얽힌 끈끈한 관계 덕분에 14세기 일어난 프랑스와의 백년 전쟁 초기 플랑드르가 영국에 지지를 표하기도 했다. 주군 국가인 프랑스 대신에 무역 파트너인 외국의 편을 든 셈이다. 이처럼 경제는 언제나 안보의 또 다른 이름이었다.

윌리엄은 부를 허투루 관리하는 군주가 아니었다. 영국 전역에 대한 행정 조사를 실시했다. 가가호호 방문해서 어느 지역에 누가 살고 있으며, 그들의 소득은 얼마인지, 또 가축은 몇 마리인지, 유럽 역사에서 유례를 찾기 힘들 정도의 대규모 조사를 실시했다. 어영부영 세금을 내던 시민과 귀족들이 어찌나 공포에 질렸던지, 작성된 자료의 이름이 '둠스데이북Dooms Day Book' 즉 '최후의 심판일을 기록한 책'으로 명명될 정도였다(다만 당대에는 둠스데이가 심판이나 재앙보다는 법이라는 의미로 사용됐다는 반론도 존재한다).

윌리엄은 정확한 조사가 조세 행정의 기반이라는 사실을 알고 있었다. 그리고 이는 곧 국부의 원천이었다. 그를 그저 야만인 바이킹의 후손이라고 폄훼할 수 없는 이유다. 무역으로 번 돈이 세금으로 이어지는 선순환 구조가 그 시절에 구축된다. 둠스데이북이 작성된 1086년 영국 인구는 150만 명이었지만 200년 후에는 500만 명으로 증가한다. 영국의 왕권은 그 어느 때보다 막강했다. 영국

둠스데이북의 한 페이지.

역사에서 노르만 왕조를 현 왕조의 시초로 보는 이유도 여기에 있다. 실제로 영국의 현 국왕 찰스 3세Charles III는 윌리엄 왕의 후손이기도 하다.

양모 생산에서 방적기계까지 끝없는 혁신

윌리엄이 죽은 후에도 그가 구현한 세계는 계속된다. 200년이 지난 14세기에도 양모는 영국의 가장 중요한 수출품이었다. 유럽의 주요 도시에서 영국의 양모 없이 살 수 없다는 말이 나올 정도였다. 수출을 기반으로 한 부가 산업과 금융업의 발달도 빼놓을 수 없는 장점이었다. 실제로 양모 산업으로 돈을 벌어서 금융업으로 사업을 확장한 뒤 재무 장관에 오른 인물(윌리엄 드 라 폴William de la Pole)도 있었다.

지금도 영국 상원의원들은 양모로 채워진 붉은색 의자에 앉는데, 중세부터 이어져 온 전통이다. 영국을 대표하는 무역상품인 만큼 지도층부터 이를 사랑해야 한다는 의미가 담겨 있다. 양모 사업자들은 자신들의 이익을 지키기 위해 이익집단인 '길드'를 만들기도 한다. 유럽에서 길드가 등장한 것은 영국이 처음이었다. 이제 양모 없이는 영국을 설명할 수 없었다.

국가적 분쟁이 무역에 영향을 끼치는 건 오늘날만의 이야기는 아니다. 14세기 프랑스 군주 샤를 4세Charles IV가 후사 없이 죽자 영국의 군주 에드워드 3세Edward III가 프랑스 왕위 계승을 주장한다. 백년 전쟁의 서막이 오른 것이다. 무역선이 다니던 바닷길을 양국의 군함이 가로막자 플랑드르에는 영국 원료 양모 공급이 중단되고, 영국에는 플랑드르에서 만든 섬유가 들어오지 못한다.

그런데 위기는 새로운 산업의 밀알이 되기도 한다. 영국이 직접 양모를 이용해 섬유를 만들기로 결심한 것이다. 조악하기 그지없었지만, 플랑드르에서 직접 기술을 배운 이들이 합류하면서 품질이 점차 개선되었다. 영국 왕실이 주도해 이들을 거액을 주고 스카우트했기 때문이다.

백년 전쟁이 끝날 즈음 영국의 '울 클로스(양모로 만든 옷)'가 유럽 각국으로 수출될 정도로 발달했다. 양모만 생산하던 국가에서, 완제품 생산 강국으로 완전하게 변신한 것이다. 이스트 앵글리아, 요크셔, 서머싯 같은 지역은 섬유 공업으로 이름을 널리 알렸다. 영국은 비록 백년 전쟁에서 패했지만, 섬유 산업이라는 대들보를 얻었다. 정치적 패배, 경제적 승리라는 역설은 백년 전쟁이 불러온 혁신이었다.

섬유 산업은 혁신이 들끓는 공장이었다. 사업가들은 좀 더 양질의 옷을 좀 더 쉽고 편리하게 만들 방법을 항상 고민했다. 이 고민 끝에 처음 만들어진 혁신의 결과물이 방적기계였다. 최초의 근

백년 전쟁 직전
플랑드르와 전쟁을 벌인
프랑스 왕의 군대.

대적 기계로, 사람 대신 기계가 만드는 옷이 시장에 등장한 사건이었다. 사람이 기계로 만든 옷으로 갈아입자, 모든 산업도 기계화라는 옷을 입었다. 훗날 사학자들이 '산업혁명'이라고 부른 인류의 전환점이다.

영국은 이 혁신을 기반으로 전 세계의 절반을 먹어 치우는 제국으로 성장했다. 여자를 무식하게 때리곤 했던 한 바이킹이 불러온 나비효과다. 경제는 언제나 우리의 이해를 넘어선 곳에서 새로운 길을 닦았다. 정복왕 윌리엄을 보며 든 생각이다.

그러니 지금의 경제 위기를 너무 불안해할 필요는 없다. 어떤 곳에서 또 다른 혁신이 그 씨앗을 틔우고 있을지 모르는 일이니. 우리 경제는 언제나 위기를 딛고 진보한 역사를 입증한다.

전동직조기를 이용해
면화를 천으로
제조하는 모습.

네줄요약

✦ 1066년 바이킹의 후손 윌리엄이 영국을 정복해 새 시대를 열었다.
✦ 그는 아내 마틸다의 고향 플랑드르와 영국의 무역을 연결했는데, 영국에서는 양모 수출로, 플랑드르는 이를 기반으로 섬유를 만들어 큰돈을 벌었다.
✦ 백년 전쟁으로 무역이 힘들어지자 영국은 섬유 산업을 직접 육성했다.
✦ 영국의 섬유 산업은 산업혁명의 산실이 되었다. 이는 바이킹의 후손 윌리엄이 불러온 나비효과였다.

참고문헌
- 폴 쥠토르, 정복왕 윌리엄-노르망디 공작에서 영국 왕으로, 글항아리, 2020년
- E.M 카루스 윌슨, 14세기 영국 모직물 수출 추세, 경제사 리뷰, 1950년

07 몰락한 귀족과 달러 공주, 그리고 세계화

시기 ✦ 19세기
키워드 ✦ 곡물법, 보호무역, 자유무역, 세계화, 유엔
지역 ✦ 영국, 미국
인물 ✦ 지넷 제롬, 윈스턴 처칠

매일 밤, 아내는 곱게 화장하고 화려한 옷을 차려입었다. 남편과 아들은 그저 물끄러미 바라만 볼 뿐이었다. 가족 외출이 아니었기 때문이다. 준비를 마친 아내가 남편과 뺨을 가볍게 맞대었다.
"다녀올게요."
남편의 표정은 쓸쓸하다. 아내가 애인을 만나러 가는 길이었던 탓이다. 그렇다고 막을 수는 없었다. 그녀가 만나는 사람은 자신의 '상관', 남편의 출세를 위한 '미인계'였던 셈이다. 고관대작을 염원한 그는 아내의 외도를 눈감았다. 아니, 남편은 아내의 노고를 진심으로 고마워했다. 그녀는 기울어가는 귀족 가문에 시집온 부잣집 딸이었으며, 남편의 출세를 위해 자기 인맥을 최대한 활용하는 조강지처였다. 남편을 두고 어떻게 다른 남자와 연인이 될 수 있느냐는 세간의 비난을 그가 귀담아들을 수는 없었다.

랜돌프 처칠Randolph Churchill과 그의 부인 지넷 제롬Jeanette Jerome의 이야기다. 어딘지 낯이 익은 성이라고 생각했다면, 맞다. 이 막장 부부의 아들이 바로 제2차 세계 대전의 영웅 윈스턴 처칠이다. 그는 정치인이지만, 경제사를 다룰 때 빼놓을 수 없는 인물이다. '세계화'라는 충격파가 정치와 경제의 중매쟁이 역할을 했기 때문이다. 경제는 언제나 미시적 삶의 실타래를 흔들기 마련이지만, 때로는 역사의 변곡점을 만들기도 한다.

영국 귀족을 덮친 자유무역

19세기는 세계화의 시대였다. 아메리카의 광활한 대륙에서 생산되는 진귀한 물품과 황금빛 곡물들이 유럽 대륙으로 쏟아져 들어왔다. 세계화의 파고는 취약한 계층에게부터 닥친다지만, 때로는 절반만 맞는 말이다. 19세기 영국 귀족들이 세계화 유탄을 그대로 맞았기 때문이다.

그 상황을 이해하려면 당시 영국 경제 상황부터 알아야 한다. 19세기에 들어 영국은 곡물법을 도입했다. 자국 농업을 보호한다는 이유에서였다. 그만큼 농산물 가격은 높게 유지되었고, 그 혜택은 농민과 귀족을 아울렀다. 높은 농산물 가격으로 귀족은 광활한 영지에서 소작료를 얻었고, 농민 역시 짭짤한 수입을 챙겼다. 일종의 보호무역 혜택을 받은 셈이다.

하지만 1840년에 상황이 급변한다. 당시 영국이 지배하던 아일

동인도회사의 런던 본사. 19세기 그림.

랜드에서 감자 대기근이 벌어졌다. 팔기는커녕 먹을 감자조차 없어, 엄청난 수의 사람들이 굶어 죽었다. 감자 하나를 차지하기 위해 주먹을 휘두르던 민중의 모습에 총리 로버트 필Robert Peel은 "곡물법을 폐지하고 농작물을 값싸게 수입하겠다"고 발표했다. 당시 지식인 계층의 필독서였던 애덤 스미스의 《국부론》 역시 자유무역에 힘을 실었다.

무역 장벽이 무너지자, 곡물이 쏟아져 들어왔다. 아사餓死 직전 아일랜드 사람들에게는 작은 빛이었지만, 영국 귀족과 농민에게는 거대한 그림자였다. 곡물 가격이 폭락했기 때문이다.

영국의 밀 가격은 19세기 초에 1톤당 10파운드였지만, 19세기 후반인 1870년이 되자 3파운드로 떨어졌다. 3분의 1수준으로 폭락한 것이다. 대영지를 보유한 귀족들의 수입도 그만큼 사라졌다. 저택과 윤택한 삶을 더 이상 유지할 수 없을 정도였다. 세계화가 영국의 귀족을 강타했다. 200년이 넘는 세월 동안 귀족 작위를 유지하고 있던 처칠 가문도 예외는 아니었다.

이 남루한 귀족에게 손을 내밀 구원자가 대서양에서 막 도착했다. '달러 공주dollar princess'라고 불리는 미국의 부잣집 딸들이었다.

런던에 몰려든 신붓감들의 정체

"우린 귀족들과 결혼을 원하오."

19세기 후반 미국에서는 걸출한 경제 거물들이 잇따라 등장하고 있었다. 철도·철강·석유·백화점 등 거대한 산업이 미국을 세계 최강대국으로 이끌던 시절이었다. 막대한 부에도 이들의 허영은 채워지지 않았다. 미국 사교계 상류층에 진입할 수 없었기 때문이다. 올드머니Old Money로 불리는 유서 깊은 갑부 집안들은 이들을 벼락부자로 폄훼했다. 유럽 귀족 출신으로 오랜 세월 미국에 터를 잡은 이들만이 진짜 '상류'가 될 수 있었다. "돈으로 계급을 살 수 없다 Money can't buy the class"는 것이었다.

욕망은 부정당할수록 더욱 들끓는다. 신흥 부자들은 결코 포기를 몰랐다. 자신의 자녀에게만큼은 귀족이라는 타이틀을 어떻게든 달아주고 싶었다. 돈만 많은 벼락부자라는 말은 더 이상 듣고 싶지 않았다. 미국 내 사교계의 견고함을 깨닫고 그들 새로운 행선지를 정한다. 미국의 모든 상류층이 갈망하는, 그러나 결코 갈 수 없었던 그곳, 대서양 건너 영국 런던이었다.

미국에서 온 부잣집 규수들은 영국 귀족들을 사로잡았다. 지적 수준이 절대 떨어지지 않는 데다가, 신대륙 특유의 발랄함이 가득했다. 남성 앞에서도 당당히 매력을 과시하는 모습에 점잖은 귀족들마저 매료되었다. 거기에 엄청난 재산까지…. 당시 영국의 왕이었던 에드워드 7세Edward VII는 미국에서 온 여성 손님들을 만나는 걸 열렬히 즐겼을 정도다.

달러 공주들의 유럽 공습은 대성공이었다. 가난한 영국 귀족들은 너도나도 미국 상속녀와의 혼인을 추진했다. 경제 위기와 무너져가는 귀족 집안을 구할 유일한 방법이었다. 영국 귀족 열에 하나는 달러 공주와 결혼했다. 가장 높은 계급인 공작 가문 30곳 중에서 여섯 곳이 달러 공주를 며느리로 맞을 정도였다. 귀천상혼을 금기로 여기던 영국에서는 이례적인 일이었다. 이런 추세는 유럽 전체로 범위를 넓히면 450건이 집계된다. 세계화의 파고가 그린 역설적 풍경이었다.

결혼도 비즈니스라지만, 영국 귀족에게는 그야말로 대박 사업이었다. 달러 공주들이 막대한 지참금을 안고 시집을 오면서였다.

철도 가문 밴더빌트Vanderbilt의 콘수엘로Consuelo는 영국의 가장 명망 있는 말버러 공작Duke of Marlborough과 혼인했는데 지참금이 무려 오늘날 화폐 가치로 4억 달러, 한화 약 5,500억 원에 달하는 엄청난 액수였다. 사탕수수로 큰돈을 모은 미국 사업가 안토니오 이즈나가Antonio Yznaga도 딸을 맨체스터 공작Duke of Manchester 집안에 시집보내면서 1억 3,000만 달러를 지급해야 했다. 미국 부자들의 '신분 콤플렉스'를 여실히 드러내는 액수다.

빅토리아 여왕의 아들인 에드워드 7세. 그는 파티와 향락을 즐기는 군주였다.

넘치는 돈으로 귀족 남편을 얻은 미국의 영애들

달러 공주들 중 가장 주목받는 인물은 지넷 제롬이었다. 뉴욕 금융가의 딸로 태어난 그녀는 런던 사교 모임의 스타였다. 화려한 외모에 수려한 언변으로 귀족들을 사로잡았기 때문이다. 특히 왕 에드워드 7세가 그녀를 유독 좋아했다. 에드워드 7세는 런던 귀족과 결혼하고 싶어 하는 그녀의 마음을 잘 알았기에 랜돌프 처칠을 소개해주었다.

두 사람은 첫눈에 반했다. 지넷은 명석하고 아름다운 여인으로 아우라를 뽐냈고, 랜돌프는 귀족으로서 지넷에게 지금껏 누리지 못한 고귀한 신분을 선물할 수 있었다. 1874년 4월, 만난 지 6개월 만에 두 사람은 결혼했다. 지참금은 오늘날 화폐 가치로 3,000만 달러, 약 400억 원에 달하는 거액이었다. '레이디 처칠'로 불리기 위해 지급해야 할 돈이었다. 이들 사이에 태어난 아들이 후에 영국의 영웅으로 자라날 윈스턴 처칠이었다.

결혼 후에도 지넷은 여전히 영국 사교계의 중심에 있었다. 에드워드 7세는 파티가 열릴 때마다 그녀를 찾았고, 지넷 역시 빠지지 않고 왕의 곁을 지켰다. 남편의 정치적 성공을 위한 작업의 일환이었다. 전기 작가들에 의하면 때때로 에드워드 7세는 그녀를 자신의 침실로 불렀다. 그녀도 마다하지 않았다. 랜돌프 역시 이를 알고도 묵인했다. 그녀는 세르비아의 왕자 밀란 오브레노비치Milan Obrenović, 독일 외무장관 비스마르크Herbert von Bismarck와도 연인 관계였던 것으로 전해진다.

그녀의 혼외정사가 늘어날수록 남편의 정치적 위상이 높아졌다. 랜돌프는 보수 정당인 토리당의 대표 자리까지 올랐다. 양처良妻와 악처惡妻의 경계에 지넷이 있었던 셈이다.

지넷 제롬과 랜돌프 처칠.

    랜돌프와 지넷이 닦아놓은 길에 아들 윈스턴도 올라탔다. 당시 정부 요직을 가기 위한 필수 코스였던 군대에 입대한 처칠은 쿠바 독립 전쟁에 참전하고 싶어 어머니 지넷의 힘을 빌리기도 했다. 뉴욕, 쿠바, 인도를 누비면서 윈스턴은 세계의 정세를 읽는 힘을 길렀다.

    1895년 아버지가 죽은 후에도 어머니 지넷은 그를 물심양면 지원했다. 군에 성공적으로 안착한 윈스턴은 정계로 나아갈 발판을 마련한다. 아버지의 뒤를 이어 보수당 국회의원이 되면서였다. 지넷은 어머니의 역할에만 구속되지 않았다. 본인의 연애 생활도 즐겼다. 1900년 7월에는 20살 연하의 스코틀랜드 군인 조지 콘월리스 웨스트George Cornwallis-West와 결혼한다. 아들 윈스턴과 동갑인 사내였다.

세계화가 낳은 처칠, 세계화의 신봉자로

"자유무역은 대영 제국 부富의 원천이오."

세계화라는 파고의 결과물이었기 때문이었을까, 윈스턴은 자유무역의 중요성을 누구보다 잘 아는 정치인이었다. 정계에서 그 누구보다 자유무역의 중요성을 역설했다. 그러나 보수당은 세계화에 반감이 있었다. 세계화로 폭락하는 곡물값이 귀족들의 경제적 몰락을 초래한다는 걸 감지하고 있었기 때문이다. 윈스턴은 소장파로서 당에 반기를 들었다. 윈스턴이 적을 옮겨 자유당 정치인으로 20년이나 있었던 배경이다.

때마침 히틀러Adolf Hitler의 등장으로 세계는 위기에 빠졌다. 1939년 폴란드 침공을 시작으로 유럽이 화염에 휩싸였을 때 유일하게 항복하지 않았던 나라가 바로 영국이었다. 그 중심에 윈스턴 처칠이 있었다. 전임 총리 네빌 체임벌린Neville Chamberlain이 히틀러에게 신뢰를 드러낼 때도 그는 의심을 거두지 않았다. 1940년 5월 후임 총리로 선정된 윈스턴 처칠은 말한다.

"우리는 절대 포기하지 않을 것입니다. 우리는 땅에서도, 바다에서도, 하늘에서도 싸울 것입니다. 제가 여러분께 드릴 수 있는 것은 피, 땀, 눈물뿐입니다."

자유무역의 중요성을
역설한 윈스턴 처칠.

전 국민을 하나로 만드는 명연설이었다.

윈스턴은 막연히 승리를 염원만 하는 어리석은 정치인이 아니었다. '어머니의 나라' 미국의 참전을 끊임없이 독려했다. 그는 세계 최강대국 미국만이 이 전쟁을 끊을 유일한 존재라는 걸 알고 있었다. 그가 미국과의 외교에 끊임없이 나선 이유다.

미국 대통령 프랭클린 D. 루스벨트의 집무실에는 윈스턴으로부터 온 수많은 서신이 쌓였다. 두 사람은 1941년 8월 캐나다 뉴펀들랜드에서 만났다. '대서양 헌장Atlantic Charter'을 만들기 위해서였다. "미국과 영국의 동맹은 단순한 군사적 협력이 아니라, 민주주의와 자유를 위한 공동의 투쟁입니다." 전 세계의 인권과 평화를 위한 양국의 협약이었다. 그리고 현대 유엔United Nations, UN: 국제연합의 기초가 된 조약이기도 했다.

헌장이 체결된 지 4개월 후, 일본이 진주만을 공습했다. 미국은 먼지가 쌓인 탱크와 비행기 엔진에 기름칠을 시작한다. 그토록 고수하던 '고립주의'의 폐기였다. 이때 조용히 미소 짓는 남자가 있었다. 윈스턴 처칠이었다. 그는 "미국이 전쟁에 참전한 이상, 승리는 시간문제"라고 말했다.

그리고 4년 뒤, 억압받는 피식민 국가들 대다수가 해방을 맞았다. 세계의 절반 이상은 승리를 향한 그의 집착, 미국 참전에 대한 그의 믿음에 빚을 지고 있다.

"역사는 나를 좋게 평가할 것입니다. 내가 바로 역사를 쓸 것이기 때문입니다."

1941년 8월 HMS 프린즈오브웨일스 갑판에서 만난 미국 대통령 루스벨트와 처칠.

처칠은 언제나 자신을, 조국을, 역사의 진보를 믿었다. 아버지의 나라 영국의 엘리트주의와 어머니의 나라 미국의 개척 정신을 모두 갖춘 인물이었다. 그리고 확고한 신념 속에서 자신의 길을 꾸준히 나아갔다. 세계화의 파고는 영국의 귀족을 무너뜨렸지만, 윈스턴 처칠이라는 거물을 낳았다. '가까이서 보면 비극, 멀리서 보면 희극'이라는 격언은 역사를 설명하는 데도 탁월한 문장이다.

네줄요약

✦ 19세기 세계화가 지속되면서 곡물 가격 하락으로 영국 귀족들의 파산이 속출했다.

✦ 이때 미국의 신흥 부자들의 딸들이 몰락한 영국 귀족들에게 시집가기 시작했다. '고귀한 신분'을 얻기 위해서였다.

✦ '달러 공주'라고 불린 이들 중 한 명인 지넷 제롬은 영국 귀족과 결혼해 아들 윈스턴 처칠을 낳았다.

✦ 처칠은 어머니의 나라 미국에 제2차 세계 대전 참전을 끈질기게 요청해 결국 이를 받아냈다. 세계화가 만든 비극이 희극으로 바뀐 셈이다.

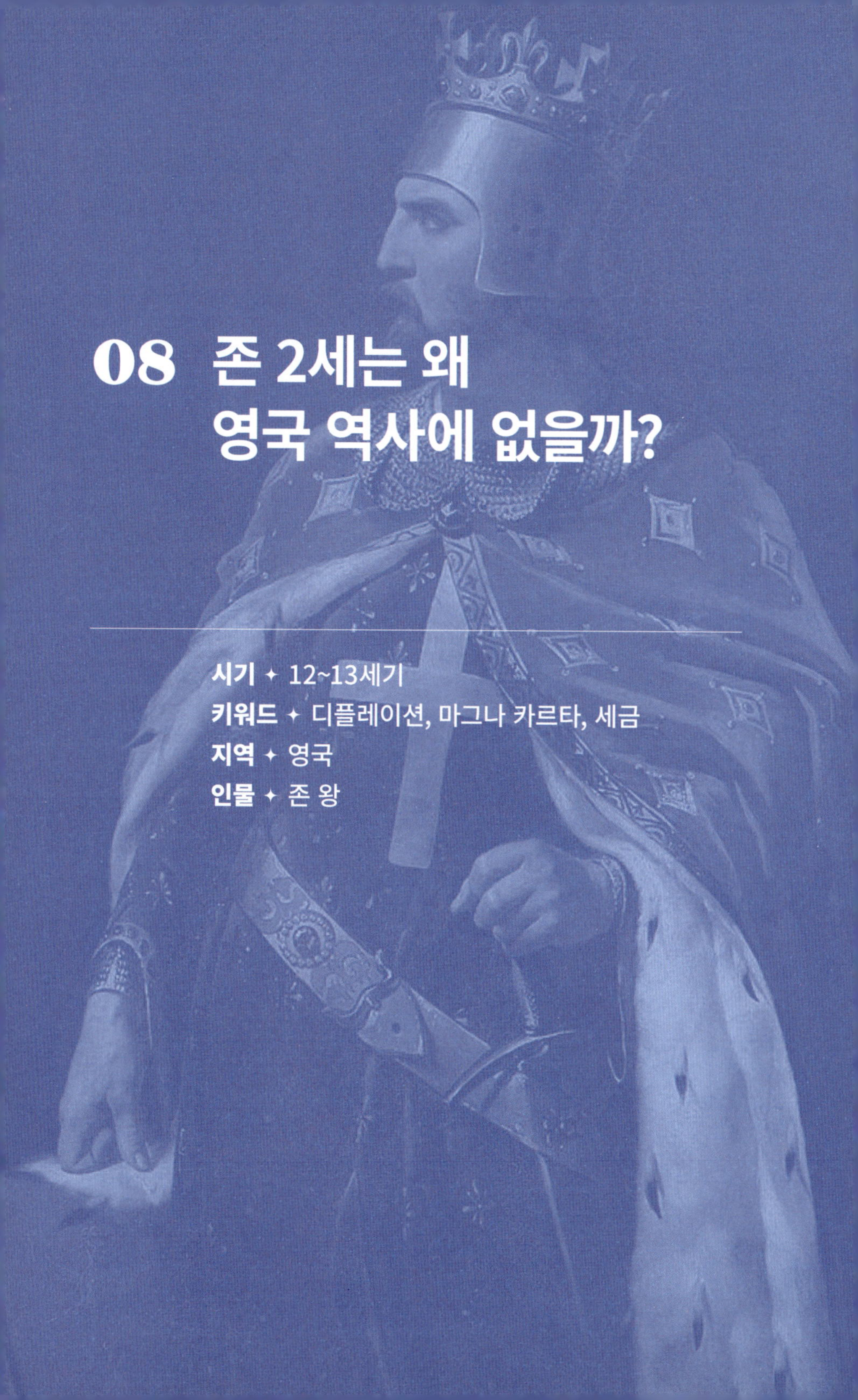

08 존 2세는 왜 영국 역사에 없을까?

시기 ✦ 12~13세기
키워드 ✦ 디플레이션, 마그나 카르타, 세금
지역 ✦ 영국
인물 ✦ 존 왕

역사 속에 방탕한 왕은 많지만, 영국 역사에서 고르자면 이 사람이 아닐까 싶다. 결혼했지만 아내를 무시하는 듯 수시로 여자를 만났으며, 처녀와 유부녀를 가리지 않았다. 아내가 참을 수밖에 없었던 건 그 시절에 왕과 이혼하고 나서 홀로서기를 할 수 있을까 하는 두려움과 어린 자녀들을 지켜야 한다는 절박함 때문이었다. 심지어 남편이 혼외자를 뒀다는 사실까지 알았지만, 눈물로 견딜 수밖에 없었다. 하지만 참으면 참을수록 돌아오는 건 더 큰 모욕이었다. 남편의 언어는 거세졌고, 행동도 거칠어졌다. 급기야 공개적으로 이혼을 종용하며, 재혼할 신붓감까지 데리고 왔다. 어리고 어린 12살의 새 신부였다.

'사랑과 전쟁'을 방불케 하는 이 이야기의 주인공은 12세기 영국의 국왕 존John이다. 영국 역사상 최악의 폭군이라고 불리는 이 남자는 경제사에서 결코 빼놓을 수 없는 인물이기도 하다. 군주의 자의적 과세를 막는 '마그나 카르타Magna Carta: 대헌장가 존의 재위 시절에 쓰였기 때문이다.

에드워드는 8명인데 존은 단 한 명

유럽의 왕명王名은 같은 이름이 여럿 반복된다. 전임 왕에 대한 존중 때문이다. 영국 역사에서 헨리와 에드워드라는 이름을 사

독일계 영국 화가
찰스 부헬이 그린 존 왕.
1900년 작품.

용한 왕이 각각 여덟 명, 조지가 여섯 명, 윌리엄과 찰스가 각각 세 명, 엘리자베스가 두 명인 배경이다. 그런데 딱 한 번만 쓰였던 몇 안 되는 이름 중 하나가 '존'이다. 누구도 그의 전철을 밟고 싶지 않았기 때문이다. 심지어 영국에서 변기 이름을 존이라고 부른 이유도 그로부터 시작됐다는 농담이 전해질 정도였다.

그가 '빌런'으로 전락한 데는 복잡한 가정사가 존재한다. 아버지 헨리 2세Henry II는 거물 중 거물이었는데, 다름 아닌 영국 왕국의 영토를 그레이트브리튼 너머 프랑스까지 크게 확장한 왕이었다. 프랑스 왕국에서도 가장 알짜배기인 땅들이었다.

헨리 2세의 영토 확장 비결은 칼이 아닌 '사랑'이었다. 프랑스의 옥토인 아키텐의 귀족 엘레오노르Éléonore d'Aquitaine가 시집오면서 너른 영지를 지참금으로 가져온 것이었다. 프랑스 왕 루이 7세는 미친 듯이 괴로웠다. 헨리 2세에게 시집간 엘레오노르가 그의 전처였기 때문이다. 부자 아내를 신하에게 빼앗긴 셈이었다(헨리 2세는 영국 왕이었지만 동시에 프랑스 영지의 봉건 영주로서 프랑스 왕의 신하이기도 했다).

엘레오노르는 프랑스 남부 특유의 열정을 품은 여인이었다. 지고지순한 여인을 원해왔던 루이 7세와는 불화할 수밖에 없었다. 결국 엘레오노르가 결별을 고하고 영국 왕 헨리 2세와 재혼을 선언한다. 포도가 많이 나는 땅, 프랑스의 '와인 잔'으로 통하는 아키텐이 루이 7세의 손에서 헨리 2세에게 넘어간다는 의미였다. 그리고 후에 영국이 '제국'이라는 이름을 달게 된 배경이 되기도 했다.

헨리 2세와 엘레오노르는 아들만 다섯을 두었다. 그중 셋째 리처드Richard는 사자의 심장을 가졌다는 뜻에서 '라이언 하트'라는 별명이 붙은 용맹한 장군이었고, 존은 사랑받는 막내였다. 헨리 2세의 치세는 견고한 성과 같았다.

훌륭한 형에게 열등감 폭발한 동생의 흔한 이야기

'제국'을 건설한 헨리 2세는 독불장군의 전형이었다. 한 치의 권력도 가족과 공유하지 않았다. 기력이 쇠하는 나이가 되어서도 권력 이양을 준비하는 기미가 보이지 않았으며, 아내 엘레오노르의 조언도 전혀 귀담아듣지 않았다.

1174년 결국 반란이 일어난다. 반란의 수장은 헨리 2세의 아들들이었다. 셋째 리처드와 넷째 제프리Geoffrey가 주역이었고 그 뒤에는 엘레오노르가 있었다. 아들들은 힘과 혈기가 넘쳤지만, 아버지의 원숙한 기량에 미치지 못했다. 헨리 2세는 군사적, 정치적 지식을 기반으로 자식들의 반란을 손쉽게 진압했다. 막내 존은 반란에는 합류하지 않았으나 깨달은 게 있었다. 가족보다 중요한 건

1841년 메리 조제프 브롱델이 그린 리처드 1세의 초상화.

힘과 권력이라는 원칙이었다. 첫 반란으로부터 15년 후, 영국의 왕좌에 라이언 하트 리처드가 앉았다. 헨리 2세가 숨을 거둔 뒤였다. 존이 왕이 될 기회는 사라진 듯 보였다.

"십자군으로 가서 성지를 탈환하겠다."

새 왕 리처드의 야망은 저 멀리 예루살렘에 가 있었다. 이슬람 이교도로부터 성지를 탈환하는 것이 그의 인생 목표였기 때문이다. 영국의 왕이 된 뒤에도 그의 꿈은 변하지 않았다. 그렇게 그는 3차 십자군에 합류했다. 군주가 부재한 나라에서 조용히 미소 짓는 남자는 리처드의 동생 존이었다.

존은 국정을 빠르게 장악해갔다. 행정과 사법을 틀어쥐었는데, 야망은 여기에서 그치지 않았다. 형이자 왕이었던 리처드의 힘을 빼는 전략까지 병행했다. 프랑스 왕에게 리처드의 프랑스 내 영지를 탈환할 것을 부탁하기도 했다. 십자군 전쟁을 마치고 리처드가 신성 로마 제국 하인리히 6세Heinrich VI에게 포로로 잡히자 돈을 제시하면서 더 오래 가둬둘 것을 종용했던 것도 동생 존이었다.

존은 동맹인 프랑스 왕으로부터 편지를 받았다. '악마가 풀려났다.' 리처드가 귀향한다는 소식이었다. 가까스로 잡은 권력을 놓아야 할 위기가 닥치자 존은 마지막 발악을 한다. 군사 반란이었다. 그러나 개는 호랑이를 이길 수 없었다. 존은 십자군의 영웅 리처드 1세에게 처참히 패배한다. '내란 수괴'로 잡힌 존에게 리처드는 미소를 지었다. "존을 풀어주어라. 단지 사악한 아첨꾼들을 만난 어린아이다." 사자의 심장을 가진 남자의 배포였다.

준비되지 않은 왕이 불러온 비극

하늘이 준 기회가 존에게 다시 찾아왔다. 반란으로부터 4년 뒤 리처드 1세가 41세의 나이로 요절했기 때문이다. 권력은 존의 차지가 되었다. 존의 통치 키워드는 '힘과 의지vis et voluntas', 군주가 원하는 대로 국정이 운영되어야 한다는 군주 중심적 사고방식이었다. 사생활도 마찬가지였다. 수많은 여성을 만나 사랑을 나눴고, 권력 유지에 도움이 된다는 이유로 아내를 갈아치우기도 했다. 프랑스 앙굴렘의 귀족 이자벨Isabelle d'Angoulême과 결혼을 결심했을 때는 그녀의 나이는 불과 12살이었다. 어린 소녀에 대한 성적 욕망이었는지, 정치적인 결단이었는지는 학자들 사이에서도 여전히 의견이 분분하다. 이혼을 불허하던 기독교 사회가 분노할 수밖에 없었다.

이때 영국의 정치적 위기를 유심히 지켜보던 사내가 있었다. 프랑스의 왕 필리프 2세Philippe II였다. 프랑스의 옥토를 차지하고 있던 영국이 영 마뜩잖던 차였다. 하늘이 프랑스에 '존'이라는 기

존 왕이 자신의
초상화로 만든 은화.

회를 내려준 것처럼 보였다.

필리프 2세는 존의 프랑스 영지인 노르망디를 공격했고 4년의 전쟁 후 승리의 기쁨을 누렸다. 존은 필사적으로 저항했지만 그의 군사적 능력은 프랑스에 한참 뒤처져 있었다. 옥토는 프랑스 왕조에 다시 귀속되었다. 존이 '땅이 없다'는 뜻의 '결지왕Lackland'으로 불리게 된 배경이다.

"많은 세금을, 그보다 더 많은 세금을 거둬들여라."

어리석은 군주는 반성할 줄 모른다. 존은 잃어버린 노르망디를 수복하기 위한 복수전에 국력을 총동원했다. 군자금이 부족하다는 만류에도, 그는 귀족들에게 세금을 더 낼 것을 거침없이 요구했다. 존이 왕으로 재위한 17년 동안 부과된 세금만 11회에 달했다. 존의 선대 왕 셋의 재위 기간을 합쳐(89년) 부과된 과세 횟수와 같다. 그가 얼마나 자의적으로 세금을 거둬들였는지를 알 수 있는 대목이다.

군자금을 마련하기 위한 기상천외한 방법들이 총동원되었다. 돈을 받고 관직을 팔거나, 독신을 고수하는 과부들에게도 세금을 매겼다. 기독교를 믿지 않는 유대인에게 엄청난 세금을 부과한 것도 존이었다. 세금 납부를 거부하는 귀족이나 영주의 영지를 몰수하는 조치도 병행했다. 그야말로 가렴주구苛斂誅求: 세금을 가혹하게 거두고, 무리하게 재물을 빼앗음였다.

정치가 만든 디플레이션

혼란한 정치가 경제에 악영향을 미치는 건 불변의 진리다. 영국의 민간 경제는 쪼그라들 대로 쪼그라들고 있었다. 화폐로 이용

되어야 할 은이 모두 군자금으로 수탈되면서, 물건은 있는데 이를 거래할 화폐가 부족한 상황이었다. 당연히 거래는 이뤄지지 않고 경제는 서서히 죽어갔다. 통화량 축소에 따른 물가 하락과 경기 침체가 맞물리는 '디플레이션'이 발생했다. 정치가 초래한 비극이었다. 귀족도 평민도 모두가 불행한데, 왕만 행복한 세계였다. 한참 후대에 유행한 문학의 소재 '로빈 후드'가 존의 통치 시기를 배경으로 한 이유다.

하지만 노르망디를 탈환하려는 존의 야망은 무위로 돌아갔다. 1214년 부빈 전투에서 존은 또다시 패배를 맞았다. 귀족들은 더 이상 참지 않았다. 세금을 끊임없이 요구하는 존의 명령을 거부했다. 반란이 일어난 것이다. 후세 역사가들이 '채무자들의 반란'이라고 부른 귀족들의 봉기였다.

반군 귀족들은 결연했다. 존에게 수탈당하면서 사느니, 죽는 게 나았기 때문이다. 그들은 자신들을 '신의 군대'로 선언하면서 노샘프턴에 모여 런던으로 진군했다. 귀족들은 도시 하나하나를 손쉽게 함락했다. 점령이 이뤄질 때마다 반란군의 숫자는 불어났다. 그 어떤 귀족도 존의 편이 아니었다. 외골수인 존도 백기를 들

후대 화가 오라스 베르네가 그린 부빈 전투.

수밖에 없었다.

1215년 6월 윈저성 근처 러니미드 평원에 침울한 표정의 존이 도착한다. 그 앞에는 반군 지도자들이 서 있었다. 이들의 손에 커다란 종이가 쥐어 있었다. 마그나 카르타였다.

'영국의 자유민은 법이나 재판을 통하지 않고서는 자유, 생명, 재산을 침해받지 않는다. 왕의 명령만으로 세금을 거둘 수 없다. 과세하기 위해서는 귀족의 동의를 받아야 한다.'

왕 위에 법이 있음을 천명한 명문名文이었다. 권력으로부터 우리가 누리는 자유가 처음 문서로 기록된 것이다. 25명의 귀족은 대헌장이 실질적으로 지켜지는지 감시하는 기구를 만들기로 합의했다. 절대 권력을 감시하고 견제하는 기구다.

존 왕이 마그나 카르타에 서명하는 모습. 19세기 재현 작품.

자유의 상징, 마그나 카르타

존은 마그나 카르타를 무효로 하기 위해 군사 행동을 자행한다. 하지만 그가 맞이한 건 또 다른 패배였다. 그리고 그 직후 죽음을 맞았다. 폭군의 비참한 종말이었다.

400년 후 스튜어트 왕조가 왕권신수설로 왕의 신성불가침 권리를 주장할 때도, 영국의 군인들이 식민지 미국을 억압할 때도, 자유를 염원하는 시민은 언제나 마그나 카르타를 꺼내 들었다. 영국 의회 민주주의가 꽃을 피운 배경이었다.

존도, 반란을 일으킨 귀족들도 모두 먼지가 되어 사라지고, 후대 권력에 의해 끊임없이 도전받으면서도 마그나 카르타의 정신은 살아남았다. 오늘날 세계 대부분의 법전에는 인간의 자유라는 권리가 적혀 있다. 이러한 인간의 진보를 이끈 건 역설적으로 존의 자의적 통치, 그리고 폭력적 과세 행위였다. 폭군을 거울삼아 우리는 자유를 향해 한 발짝 더 나아갔다. 세계사에 성군들만이 존재했다면 우린 아직도 봉건제에서 살고 있을지도 모른다.

인류사에서 가장 위대한 문서 중 하나인 마그나 카르타의 사본.

네줄요약

✦ 자의적 통치와 폭력적 과세로 일관했던 왕 존은 영국 역사에서 손꼽는 폭군이었다.

✦ 그는 프랑스와의 전쟁을 위해 무리한 과세를 단행했다.

✦ 은화를 수탈하면서 화폐가 부족해지자 민간 경제가 불황에 빠지기도 했다.

✦ 이에 반발한 귀족들이 존 왕과 결투 끝에 자의적 과세 금지와 자유민의 권리를 보장하는 '마그나 카르타'를 받아냈다. 역사는 폭군을 극복하면서 진보한 셈이다.

참고문헌

- 마그나 카르타: 중세 영국과 그 외의 세계에 대헌장이 미친 영향의 역사, Captivating History, 2020년

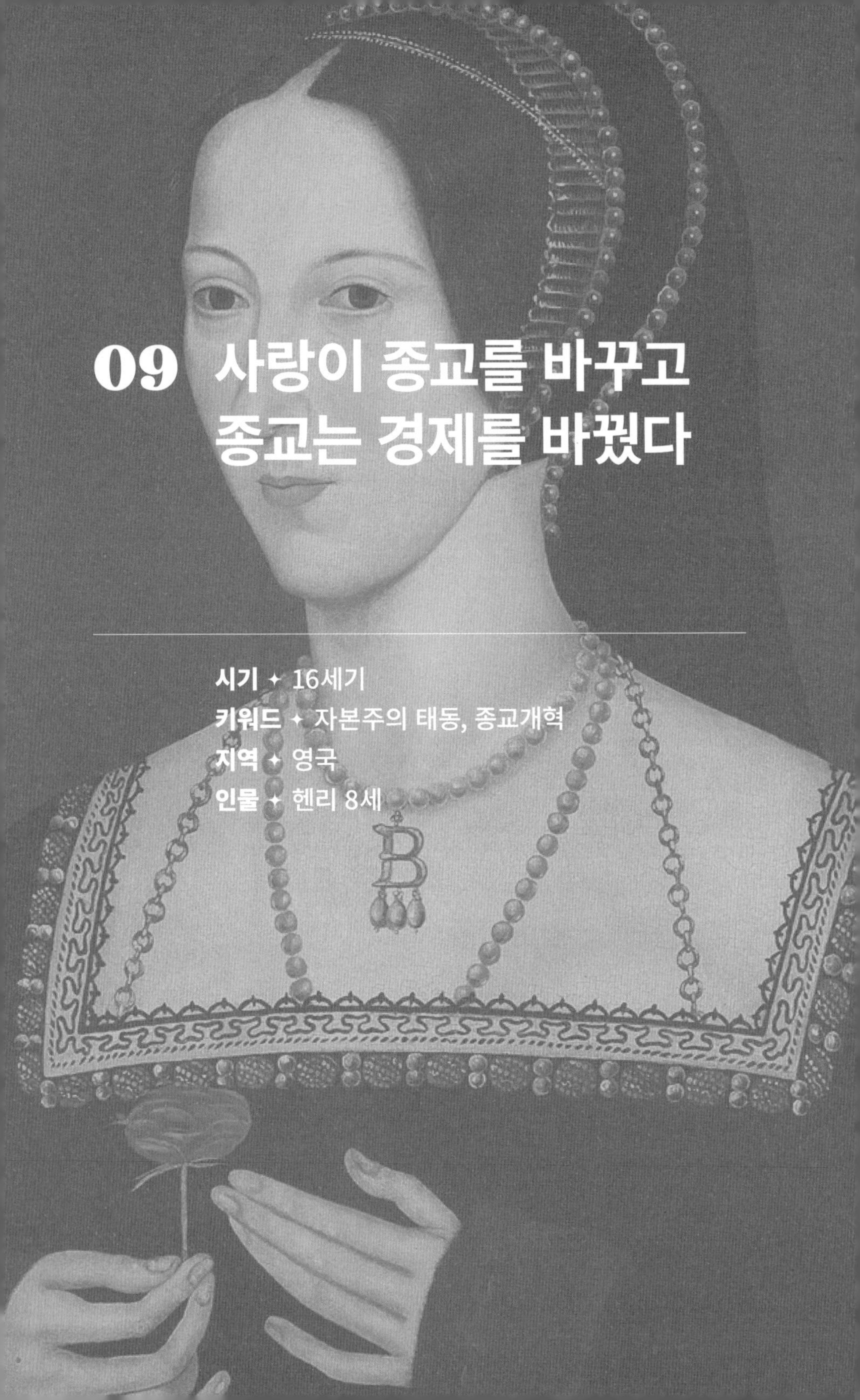

09 사랑이 종교를 바꾸고 종교는 경제를 바꿨다

시기 ✦ 16세기
키워드 ✦ 자본주의 태동, 종교개혁
지역 ✦ 영국
인물 ✦ 헨리 8세

한 남자의 위험한 열정이 세계 역사를 바꾸었다. 조강지처를 업신여기고 새로운 연인과 불타는 사랑을 나누던 그는 이를 반대하는 사람들을 죄인으로 몰아 처형했다. 사랑을 이루기 위해 국가의 종교까지 바꿀 정도였다. 하지만 욕망은 충족되지 못했을 때만 불타오르기 마련이다. 그토록 뜨겁게 사랑한 사람과 결혼에 성공하자 그의 마음은 냄비처럼 식어갔다. 그렇게 아내를 갈아치운 것만 다섯 번, 그 유명한 영국의 왕 헨리 8세Henry VIII의 이야기다.

헨리 8세의 변덕스러운 사랑은 국교뿐만 아니라 경제 체제도 바꿨다. 영국의 자본주의가 그의 열정에 의해 태동했다는 분석도 나올 정도다. 군주의 사랑과 결별이 부른 파문은 잔물결을 그리며 현대 자본주의까지 닿았다.

사랑에 미친 헨리 8세

헨리 8세는 영국 튜더 왕조의 대표 군주로 통한다. 호남형인 얼굴에 커다란 덩치까지 갖춰 백성들의 사랑을 듬뿍 받기에 충분했다. 그는 얼굴값을 하는 남자였다. 한 여자에 만족하지 못했다. 그의 첫 아내는 스페인 왕족 아라곤의 캐서린Catherine of Aragon이었다. 하지만 공교롭게도 캐서린에게 그는 첫 남편이 아니었다. 캐서린이 원래 그의 형과 결혼했기 때문이다. 헨리의 형 아서는 캐서린과 결

사랑 때문에
영국 역사를 바꾼
헨리 8세

혼한 지 얼마 안 되어 급사했다.

영국 왕실은 잘나가는 스페인 왕실의 여식을 놓칠 수 없었다. 어렵게 모셔온 귀한 며느리를 붙잡을 묘안이 마침 떠올랐다. 캐서린을 과부로 돌려보내는 대신 동생 헨리와 결혼시킨 것이다. 영국식 '형사취수제'였다. 호색가인 헨리는 캐서린과 그럭저럭 괜찮은 사이를 유지했지만 이내 질려버리고 말았다. 젊고 혈기 넘치는 그의 주변에는 어리고 예쁜 여자들이 몰려들었고 추파를 던졌기 때문이다. 그중 그의 눈길을 끄는 여인이 있었다. 캐서린의 시녀 앤 불린Anne Boleyn이었다.

가까운 거리에서 왕비의 시중을 드는 앤을 자주 보다 보니 헨리는 그녀에게 완전히 빠져들었다. 왕비 캐서린 대신 앤 불린에게 수시로 추파를 던졌다. 앤은 계산할 줄 아는 여자였다. 헨리 8세와 절대 동침하지 않았다. 오히려 당당히 잠자리의 조건을 붙였다. 자신을 왕비로 만들어 달라는 것이었다.

헨리 8세의 욕망은 그야말로 용광로와 같았다. 앤 불린과 잠자리를 할 수 있다면 뭐든지 할 수 있을 것만 같았다. 왕비 캐서린과 이혼을 꿈꾼 배경이었다. 캐서린이 아들을 낳지 못한 것도 이유 중 하나였다. 그러나 헨리 8세의 욕망을 현실로 만들기에는 장애물이 가득했다. 가톨릭의 교황은 이혼을 허락하지 않았으며, 캐서린이 강대국 스페인의 왕족이라는 점도 문제였다.

헨리 8세는 종교적 장애물에 종교적 교리로 맞섰다. 아내 캐서린이 이미 형 아서와 결혼했던 만큼 자신과의 결혼은 무효라고 주장했다. 형과 이미 잠자리를 한 여인과의 혼인은 성립될 수 없다는 취지였다. 형 아서가 생전에 캐서린과 잠자리를 가진 뒤 "스페인의 말을 탔다"고 말했다는 증언도 내놓았다.

교황청은 그러나 헨리 8세의 의견을 받아들이지 않았다. 그의 주장대로라면 애초에 혼인 무효 사유가 존재했던 것인데, 왜 그때는 이를 주장하지 않았냐며 헨리 8세의 주장을 반박했다. 스페인의 힘이 필요할 때는 혼인을 적극적으로 추진하더니, 이제 와서 무효라는 주장은 받아들일 수 없다는 해석이었다. 교황청의 재반박 역시 종교적 교리로 포장됐지만 그 속에는 양국의 국력을 저울질한 결과가 담겨 있다. 교황청 입장에서도 강대국 스페인 출신 왕비를 쫓아내는 데 협력하기는 쉽지 않았던 것이다.

가톨릭을 버리고 프랑스와 스페인을 적으로 만들다

"영국은 이제 가톨릭을 믿지 않겠다."

헨리 8세는 분노했다. 교황에게 몸과 마음을 다 바쳤던 시절, 가톨릭을 위해 건축했던 무수히 많은 성당, 가톨릭에 충성을 맹세했던 과거를 저주했다. 군주의 사랑 하나 지지하지 못하는 종교가 무슨 의미가 있을까?

그는 이제 사랑을 위해 무엇이든 할 수 있는 남자였다. 가톨릭을 믿지 않고, 새로운 종교를 만들겠노라고 선언한다. 마침 유럽 대륙에서도 가톨릭 대신 새로운 기독교(개신교)를 만들려는 움직임이 가득했다. 영국판 종교개혁의 시작, 영국 성공회의 탄생이다. 새장가를 들기 위해서 국교까지 바꾼 남자였다.

이제 헨리 8세의 위에는 아무도 없었다. 1534년, 신 아래에 교황 대신 왕이 있다는 선언이 발표되었다. 그 유명한 수장령이다. 선언에 거역하는 인원들도 빠르게 숙청되었는데, 여기에는 《유토피아》의 저자 토머스 모어Thomas More도 포함되었다.

종교개혁이라는 이름의 파고는 단순히 종교에 한정된 찻잔 속

사형 선고를 받은 토머스 모어와 슬픔에 빠진 딸. 윌리엄 프레더릭 예임스의 1872년 작품.

태풍이 아니었다. 문화·사회적 대격변이자, 경제적 일대 혁명이기도 했다. 가톨릭이란 시민의 믿음이자 삶의 태도였고, 경제의 토대였기 때문이다. 요람에서 무덤까지 지배하던 가톨릭의 몰락은 역설적으로 새로운 체제를 불러왔다.

기존의 경제는 가톨릭을 중심으로 흘러왔다. 농민의 피땀 어린 농작물도, 상인이 시장에서 쌓아 올린 결과물도 모두 성당의 몫이었다. 영국의 부가 가톨릭의 본산인 바티칸으로 흘러갔다는 의미다. 애써 모은 돈은 수도원을 짓는 데 쓰거나, 가톨릭의 새로운 사업에 사용되곤 했었다. 그만큼 민간 경제는 상대적으로 작았다.

헨리 8세는 가톨릭 수도원을 가만두지 않았다. 전국 수도원 철폐를 지시했다. 시민들의 돈을 끌어모아 바티칸에 공급하던 곳, 국부의 유출을 돕던 곳이었다. 가톨릭을 믿지 않는 이상 더는 존재 의미가 없는 건물이었다.

수도원 철폐령은 단순히 종교적인 의미를 넘어서고 있었다. 수도원의 영지를 불하(공공재산을 개인에게 넘김)받은 지주들은 대규모 농업과 상업을 진행했다. 사유지에 울타리를 치고 수도원 토지에서 일해온 농민을 내쫓았다. 인클로저enclosure 운동이었다. 터전을 잃은 농민들은 도시로 흘러가 임금 노동자가 되었다. 자본주의의 맹아가 싹 트고 있었던 것이다.

대학에는 신학 대신 세속적인 학문을 배우는 학생들이 늘어났고 광장에는 진귀한 물건을 늘어놓은 상인들이 가득했다. 과거 면죄부를 판매하던 신부들이 있던 곳이었다.

아이들의 꿈은 더 이상 신부가 아니었다. 상인을 꿈꾸고, 무역업자를 목표로 했다. 브리튼 섬에서 일군 부는 이탈리아 교황청 대신 영국을 위해 쓰였다. 경제 주권이 비로소 영국 땅으로 돌아온 셈이다.

헨리 8세는 정복왕 윌리엄 이후로 가장 많은 부를 쌓은 군주로 통한다. 그럴 만도 했다. 교회가 가져가던 돈을 이제 왕이 갖게 된 덕분이다. 이 모든 것이 한 여자를 얻기 위한 것으로, 헨리 8세는 이를 위해 종교개혁까지 단행했으나 역설적이게도 그녀가 바람이 났다는 이유로 단두대에 세워 목을 쳤다. 그 뒤 네 차례나 더 결혼하기도 했다.

한편 영국의 종교개혁은 외부의 반발에 부딪힌다. '가톨릭의 딸'인 스페인과 프랑스가 공격 태세를 갖춘다. 이를 방어하기 위해 헨리 8세는 해군을 육성했는데, 이 강력한 해군이 바다를 지키자 상인들의 무역이 더 안전해졌다. 헨리 8세의 치세에 영국의 무역이 늘어날 수 있었던 배경이다. 영국 자본주의는 헨리 8세의 충동적 성욕을 먹고 태어났다고 해도 과언이 아니다.

(헨리 8세는 이렇게 부를 이뤄놓고도 지나친 사치와 향락으로 재정을 위기에 빠트린다. 어려움에 처한 영국을 구한 위대한 경제인이 바로 토머스 그레셤Thomas Gresham이다. 그의 이야기는 16장에서 다룬다.)

지주 집안과 상인 집안이 결합한 앤드루 가문을 묘사한 그림. 토머스 게인즈버러의 1750년 작품.

가톨릭에서 벗어나는 나라들

종교개혁은 영국만의 이야기는 아니었다. 면죄부를 남발하는 가톨릭에 대한 저항은 유럽 전역에 퍼져가고 있었다. 특히 바티칸과 제법 거리를 둔 원조 종교개혁 국가 독일을 비롯해 스웨덴·네덜란드와 같은 북서유럽을 중심으로 가톨릭을 향한 반감이 더욱 들끓고 있었다.

가톨릭과 선을 긋자, 경제적 혁신이 따라왔다. 돈을 추구하는 것이 더 이상 신의 뜻에 어긋나지 않았기 때문이다. 성실한 노동은 오히려 신에게 조금 더 가까워지는 것과 같았다.

근면한 시민들의 세금은 종교가 아닌 국가를 위해 쓰였다. 인프라의 개발이 상인에 의해 주도되면서 도시는 십자가를 내려놓는다. 오늘날 근대 도시의 모습이 탄생하기 시작한 것이었다.

상인은 자기 욕망을 위해서 뛰지만, 그 효과는 도시 모두의 것이었다. 땅과 자본을 소유한 자본가는 더 많은 산출을 원했다. 욕망은 혁신의 밀알이 되었고, 이는 사회 전체를 추동하는 동력으로 작용했다. 중세가 저물고 근대를 넘어 제1차 세계 대전이 끝날 무렵, 세계를 주도하는 국가는 개신교였다. 가톨릭이 지배하던 세계는 사그라지고 있었다.

독일 사회학자 막스 베버Max Weber는 저서 《프로테스탄티즘의 윤리와 자본주의의 정신》을 통해 개신교 국가에서 경제 성장이 폭발적으로 일어난 배경을 해석했다. 그는 개신교(특히 칼뱅교) 교리에 노동을 신성시하는 친자본주의적 정신이 자리하고 있다고 주장했지만, 이 주장이 비서구 문명의 경제 성장을 해석하지 못한 탓에 오늘날 널리 인정받는 이론은 아니다.

오히려 경제를 강하게 쥐고 있던 가톨릭과의 연결고리가 끊어

독일 사회학자 막스 베버.

지면서 혁신이 비로소 샘솟게 되었다는 해석이 지지를 받는다. 개신교 국가들이 라틴어 대신 자국의 언어로 예배를 드리기 시작하자 문해력 상승으로 지식혁명이 일어났다는 분석도 있다. 1517년 마르틴 루터Martin Luther가 종교개혁의 불꽃을 틔운 이후, 인류는 분명히 다른 세계로 나아갔다.

구교와 신교의 갈등으로 200년간 1,700만 명이 사망한 것으로 추산된다. 그 피비린내 속에서 자본주의라는 꽃이 피었다. 마르크스Karl Marx가 《자본론》에서 설파한 '자본은 머리끝에서 발끝까지 온몸의 구멍에서 피와 오물을 흘린다'는 격언이 전혀 틀린 말은 아니었던 셈이다.

네줄요약

✦ 영국 왕 헨리 8세는 아내와 이혼하기 위해 가톨릭을 버리고 영국 성공회를 세웠다.

✦ 가톨릭의 전 재산을 몰수하면서 국가 경제의 효율성이 올라가기 시작했다. 그전까지는 십일조 등으로 국부가 바티칸으로 흘러갔기 때문이다.

✦ 종교개혁을 단행한 수많은 개신교 국가에서도 자본주의의 씨앗이 싹트기 시작했다.

✦ 구교와 신교의 갈등은 수천만 명의 목숨을 앗아갔지만 역설적으로 경제 성장의 밑알이 되었다.

참고문헌
- 마크 코야마·재러드 루빈, 부의 빅 히스토리, 월북, 2023년
- 데이비드 칸토니 외, 개신교 개혁의 경제적 결과, LSE, 2017년

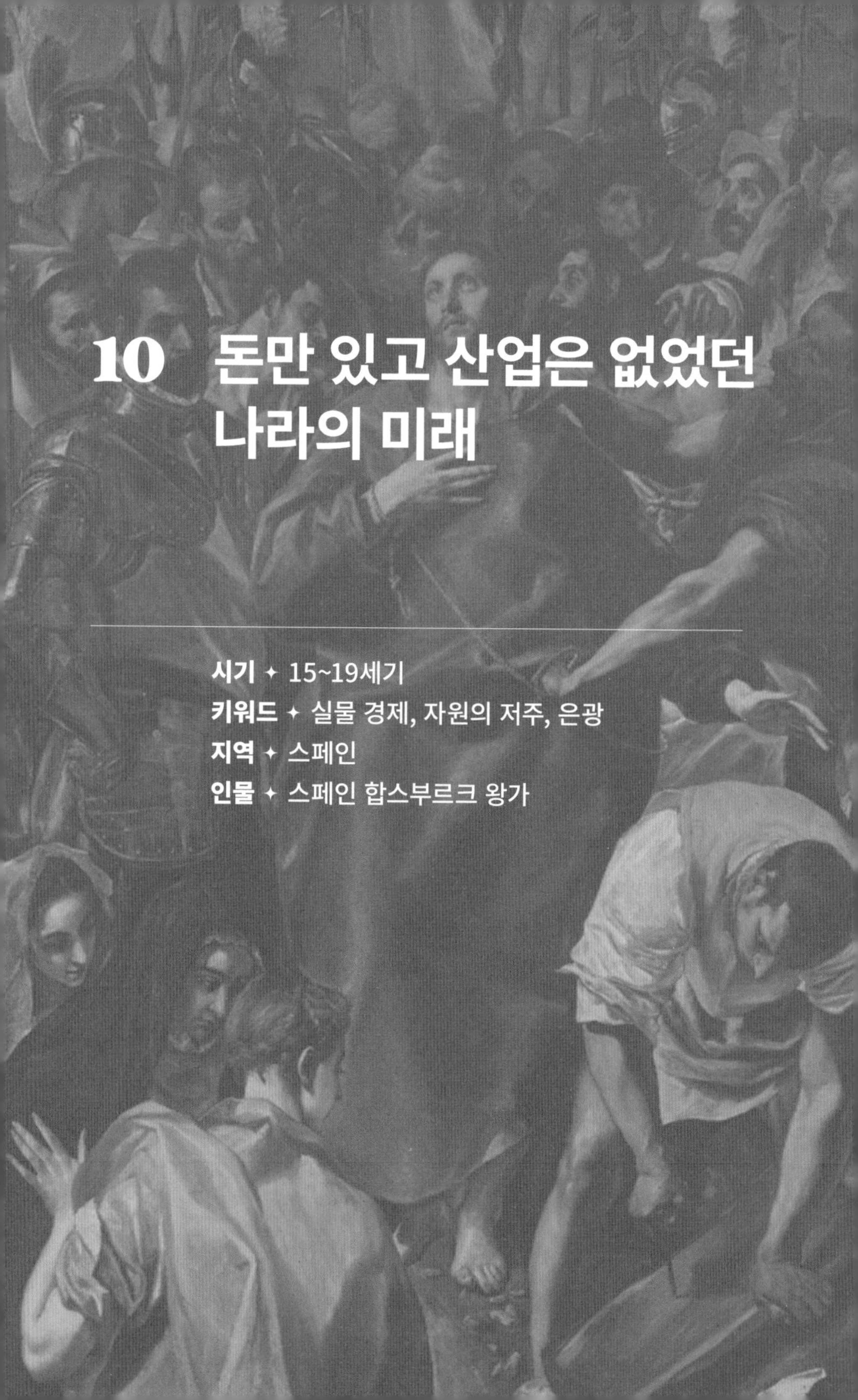

10 돈만 있고 산업은 없었던 나라의 미래

시기 ✦ 15~19세기
키워드 ✦ 실물 경제, 자원의 저주, 은광
지역 ✦ 스페인
인물 ✦ 스페인 합스부르크 왕가

고고한 산. 육중한 몸집의 남자들이 비 오듯 땀을 쏟으며 한 발짝 한 발짝 정상을 향해 나아가고 있다. 몇 날 며칠 이어진 고난의 행군에 육체는 지칠 대로 지쳐버렸다. 이들이 발걸음을 뗄 수 있었던 건, 그 산을 오르면 진귀한 보물이 가득할 것이란 믿음 때문이었다. 망망대해 대서양마저 건너 새로운 땅에 발을 디딘 이들. 태산이 높다 한들 대수일까, 그토록 찾아 헤맨 보물이 눈앞에 있는데.

더 이상 움직이지 못하겠다는 생각이 들었을 때, 그들을 맞이한 것은 은으로 가득한 광산이었다. 누군가는 환희의 눈물을, 또 누군가는 기쁨의 포효를 질렀다. 전설의 황금도시 엘도라도El Dorado는 아니었지만 충분히 만족할 만한 성과였다. 스페인에서 출발해 볼리비아의 은 광산을 발견한 정복자들, 콩키스타도르의 이야기다. 엄청난 은화가 대서양을 건너 스페인으로 전해졌다. '제국' 스페인은 이제 지구의 최강자가 될 준비를 마쳤다.

하지만 신은 스페인의 뱃머리를 '망국의 길'로 돌렸다. 은이 축복이 아닌 저주가 되면서였다. 스페인이 망국으로 빠진 역사는 부의 근본을 다시 생각하게 하는 열쇠다.

콜럼버스, 세계의 절반을 찾아내다

1492년은 세계가 또 다른 세계를 만난 해다. 아시아를 찾아 항

아메리카 대륙
푸에르토리코를 탐험한
스페인 정복자
후안 폰세 데 레온.

해에 나선 크리스토퍼 콜럼버스가 신대륙인 아메리카 대륙을 발견했기 때문이다. 거인의 뒤를 따라 수많은 사람들이 배에 올라탔다. 신대륙에 황금빛 도시가 있다는 전설 같은 이야기를 들은 뒤였다. 왕은 머리부터 발끝까지 금빛 가루를 뒤덮고 있고, 금이 지천으로 널려 있는 황금의 도시. 야망으로 가득한 남자들의 가슴이 두근거리기에 충분했다. 잉카를 무너뜨리고 금의환향한 프란시스코 피사로가 1534년 왕에게 황금을 조공했다.

수많은 탐험가가 드넓은 아메리카 대륙으로 건너간 것은 황금 도시 엘도라도를 발견하겠다는 야망 때문이었다. 누군가는 망상이라고 비웃었지만 야심은 단단해져만 갔다. 인도로 가는 새 항로를 발견하겠다는 콜럼버스를 비웃던 사람들은 모두 합죽이가 되었다. 제2의 콜럼버스가 나오지 않을 거라고 누가 장담할 수 있을까. 이렇게 '엔트라다entrada: 탐험을 의미하는 스페인어가 시작되었다.

도전은 멈출 줄 몰랐다. 일단의 사람들이 안데스산맥을 오른 끝에 마침내 은 광산을 발견했다. 세계 최대 규모였다. 볼리비아 포토시에 위치한 이 산에 스페인 정복자들은 '세로 리코'라는 애칭을 붙였다. '부유한 산'이라는 의미였다.

스페인에는 그야말로 금은보화가 넘쳐났다. 멕시코 아스테카 왕국을 무너뜨리고 찾은 황금과 포토시에서 채굴한 은화가 스페인에 넘실댔다. 은의 도시 포토시는 사람과 물산으로 가득했다. 어느새 아메리카 대륙에서 두 번째로 큰 도시로 성장한 이곳에 스페인은 은화 주조소를 건립한다. 제국에 통용되는 은화를 만드는 곳이었다.

신성 로마 제국 황제이자, 스페인 왕이었던 카를 5세는 환희로 가득 차 있었다. 제국을 운영하는 데 드는 엄청난 재정적 압박에서 벗어날 수 있어서였다. 그는 가톨릭에 대한 절실한 믿음이 마침내 응답받았다고 여겼다. '신의 선물'인 은화는 응당 신을 위해 쓰여야 했다. 폭발적으로 성장하는 개신교도들을 혼내주는 일이었다. 교황을 배신하고, 이교도적 믿음을 가진 존재들을 쓸어버리는 것이야말로 카를 5세의 인생 첫 번째 목적이었다.

스페인의 은 사용법

넘치는 은화는 시민을 위해 쓰이지 않았다. 대부분 용병과 군인에게 흘러갔다. 끊임없는 전쟁 탓이었다. 지급할 은화가 부족해지자, 왕은 포토시 관리들을 더욱 채근한다. 더 많은 은화를 채굴하라고, 더 많은 돈을 본국에 바치라고. 은화 채굴 속도가 돈이 쓰이는 속도를 따라가지 못하자 안톤 푸거Anton Fugger라는 독일인 은행가에게 은 광산을 담보로 돈을 빌리기도 했다.

카를 5세가 죽은 뒤에도 상황은 달라지지 않았다. 아들인 펠리페 2세 역시 아버지와 비슷한 전철을 밟았다. 은화가 주는 풍요에 취해 전쟁과 향락에 빠진 것이다. 엄청난 은화량에도 1557년부터 몇십 년 시차를 두고 세 차례나 채무 불이행을 선언하기도 했다. 경제 위기에도 펠리페 2세의 국정 운영은 바뀌지 않았다. 가톨릭 국가의 맏형으로서 유럽의 질서를 바로잡아야 한다는 생각이 앞서서 대외적으로는 전쟁을, 대내적으로는 가톨릭적 권위를 세우

카를 5세(의자에 앉은 인물)와 독일 금융인 안톤 푸거(난로 옆 인물). 독일 화가 카를 베커의 후대 작품.

기 위한 과시용 예술에 돈을 쏟아부었다. 모두 '고비용'의 정치 행위였다.

펠리페 2세가 지은 마드리드 인근 '엘 에스코리알' 왕실 수도원이 그 결과물이다. 가톨릭을 향한 신실한 믿음이 물씬 풍기는 이 공간은 웅장하지만 베르사유 궁전과 같은 호화로운 장식은 배제되었으며, 화려하되 사치스럽지 않은 화이불치華而不侈의 전형이었다. 신을 숭배하는 행위에 예술가도 빠질 수 없었다. 펠리페 2세를 비롯한 스페인 왕가는 예술가를 후원하는 데 돈을 아끼지 않았다.

엘 그레코El Greco, 디에고 벨라스케스Diego Velázquez, 프란시스코 데 수르바란Francisco de Zurbarán이라는 걸출한 화가들이 스페인 회화의 시대를 열었다. 그들은 몰랐다. 황금시대Siglo de oro를 맞은 예술은 반짝거렸지만, 경제는 금은보화의 독에 취해 죽어가고 있다는 것을.

폭포수처럼 들어온 은화는 축복의 탈을 쓴 저주였다. 돈으로 해결한다는 배금주의가 스페인 경제를 서서히 갉아먹고 있었기 때문이다. 시장에 돈이 넘쳐날수록 노동의 가치는 폄훼되었다. 농산물이든, 공산품이든, 힘들게 생산할 필요가 있을까? 넘치는 은화로 외국서 사 오면 그만이었다. 땅을 직접 경작하고 추수해서 더 많은 생산물을 얻으려는 고민도 사라졌다. 노동의 근면함과 상인의 반짝이는 창의가 존중받지 못하는 사회는 결국 무너지게 되어 있다. 스페인이 걸린 덫이었다. 영국과 네덜란드가 척박한 국토의 단점을 무역과 제조로 극복하고 부를 일굴 때, 스페인은 '은의 늪'에 빠지고 있었다.

민간 경제에도 서서히 청구서가 도착한다. 실물 경제에 기반하지 않은 막대한 화폐는 재앙에 가깝다. 엄청난 인플레이션을 불러오기 때문이다. 포토시 은 광산을 발견한 뒤 약 100년에 걸쳐 스페인의 물가는 약 45배 이상 오른 것으로 분석된다. 펠리페 2세 통치 막바지에도 곡물 가격이 4년 만에 45퍼센트나 올랐다는 연구도 있다. 하루 벌어 하루 먹고 사는 시민들이 도저히 받아들일 수 없는 수치였다.

적국 영국과 네덜란드는 달랐다. 두 나라를 지탱하는 건 왕도 은화도 아니었다. 상인과 무역업자, 시장과 금융기관이었다. 1588년 영국 함선이 무적함대를 무찌른다. 1648년에는 네덜란드가 스페인을 상대로 독립을 쟁취한다. 세계를 호령하던 스페인이 황혼에 저물고 있었다.

그 많던 스페인 은화는 어디로 갔을까?

15세기에 세계적 제국이었던 스페인이 300년 후인 18세기에는 유럽의 동네북이 되었다. 왕정도 점점 곪아갔다. 스페인 왕가 합스부르크 가문은 천한 피가 섞이지 않아야 한다는 이유로 지속적인 근친혼을 장려했다. 조카가 삼촌과 결혼하고, 또 그 아들이 다시 사촌과 부부가 되었다. 1665년 즉위한 국왕 카를로스 2세Carlos II는 음식물을 제대로 씹지 못했다. 근친혼의 영향으로 턱이 지나치게 튀어나왔기 때문이다. 병치레가 잦은 만큼 국정 운영은 언제나 공백 상태였다.

아메리카 대륙에서는 여전히 은화로 가득한 배가 대서양을 건너오고 있었다. 그러나 대부분은 빚을 갚는 데 사용되었다. 무역은 영국과 네덜란드 상선이 틀어쥐고 있었고, 스페인 시민들은 프랑스의 밀가루 없이는 살 수 없는 지경에 이르렀다. 경제가 무너지고 있었지만 카를로스 2세는 전혀 도움이 되지 않았다. 생식 능력도 부족했던 탓에 갖은 애를 쓰고도 후사를 남기지 못했다. 1700년 11월 결국 세상을 떠났는데, 그의 나이 불과 39세였다.

그는 죽기 전에 스페인 영토를 보존해줄 후계자로 루이 14세Louis XIV의 손자를 지목했다. 그러자 이를 반대하는 합스부르크 가문의 오스트리아를 필두로 여러 나라가 프랑스와 전쟁을 벌인다. 스페인을 차지하기 위한 대혈투, '스페인 계승 전쟁'이었다. 그리고 카를로스 2세의 선택은 옳아서 프랑스가 승리를 거두었다. 지금도 스페인 왕가가 프랑스계인 '부르봉'(스페인어로는 보르본) 왕조인 이

턱이 튀어나온
카를로스 2세 초상화.

유다.

19세기 스페인의 역사책에는 피비린내가 가득하다. 영광의 빛과 환희에 찬 웃음소리는 조금도 찾아볼 수 없다. 1808년 나폴레옹이 스페인을 침공하면서 경제는 더욱더 처참하게 가라앉는다. 남아메리카에서는 본격적인 독립 전쟁이 뒤를 이었다. '종이호랑이' 스페인의 지배를 받지 않겠다는 선언이었다. 영국을 선두로 모든 유럽 국가들이 '제국'의 모습을 갖추고 있었다. 상업·무역·산업혁명을 토대로 만든 질서였지만, 스페인은 여전히 낡은 농업에만 의존하는 후진국이었다.

19세기 후반부터 제국주의가 절정에 달했을 때 그들은 외려 땅을 빼앗기고 말았다. 1898년 후발주자인 미국에 패배하면서 식민지인 필리핀과 괌마저 잃었다.

제국이 무너진 건 역설적으로 모두가 축복이라고 했던 은광의 발견으로부터 시작되었다. 은광과 금을 발견하지 않았다면, 어쩌면 스페인은 제법 괜찮은 역사를 썼을지도 모른다. 스페인판 '자원의 저주'인 것이다.

부는 언제나 인간으로부터 나왔다

자원의 저주는 지구 곳곳에서 목격된다. 그 어떤 나라도 자원의 발견만으로 선진국의 반열에 오를 수 없었다. 네덜란드도 1959년 북해 앞바다에서 가스전을 발견해 수십억 달러를 벌어들였지만, 역설적으로 국가 경쟁력을 잃었다. 경제라는 반석은 언제나 인간의 땀, 눈물, 창의를 통해서만 다져진다. 부유층이 슈퍼카를 탄다고, 화려한 호텔에 산다고 중동 산유국을 선진국이라고 부르지 않는 이유다.

경제란 무엇일까? 국부는 어떻게 채워질까? 자식에게 밥을 먹이겠다는 가난한 부모의 숭고함. 결혼해서 안정적인 가정을 꾸리겠다는 인생의 포부. 나라에 기대지 않고 살겠다는 시민의 자존심. 이 모든 것이 경제 혁신의 밀알이 되어 국부를 이룬다. 대한민국에서 누리는 근사한 것들에 앞선 세대의 땀 냄새가 배어 있다. 선혈 가득한 핏자국도 있다. 숭고한 희생이 없었다면 피와 땀은 지금 우리가 흘려야 했을지도 모른다. 자원하나 없는 척박한 이 땅을 부국으로, 또 선진국으로 일궈낸 그 모든 이들에게 경의를.

네줄요약

✦ 1492년 아메리카 대륙을 점령한 이후 스페인으로 수많은 은화가 들어오기 시작했다.

✦ 스페인 합스부르크 왕가는 넘치는 은화를 믿고 갖은 종교 전쟁을 벌이면서 산업 육성에 힘쓰지 않았다.

✦ 엄청나게 풀려버린 화폐 때문에 급격한 인플레이션이 생기면서 서민의 삶은 팍팍해졌다.

✦ '은의 저주'가 스페인을 덮친 셈이다. 국부는 돈 그 자체가 아닌 인간의 땀과 노력으로부터 나온다.

참고문헌

- 알바레즈 노갈 외, 더 라이즈 앤 폴 오브 스페인(1270-1850), 더 이코노믹 히스토리 리뷰 66, 2013년

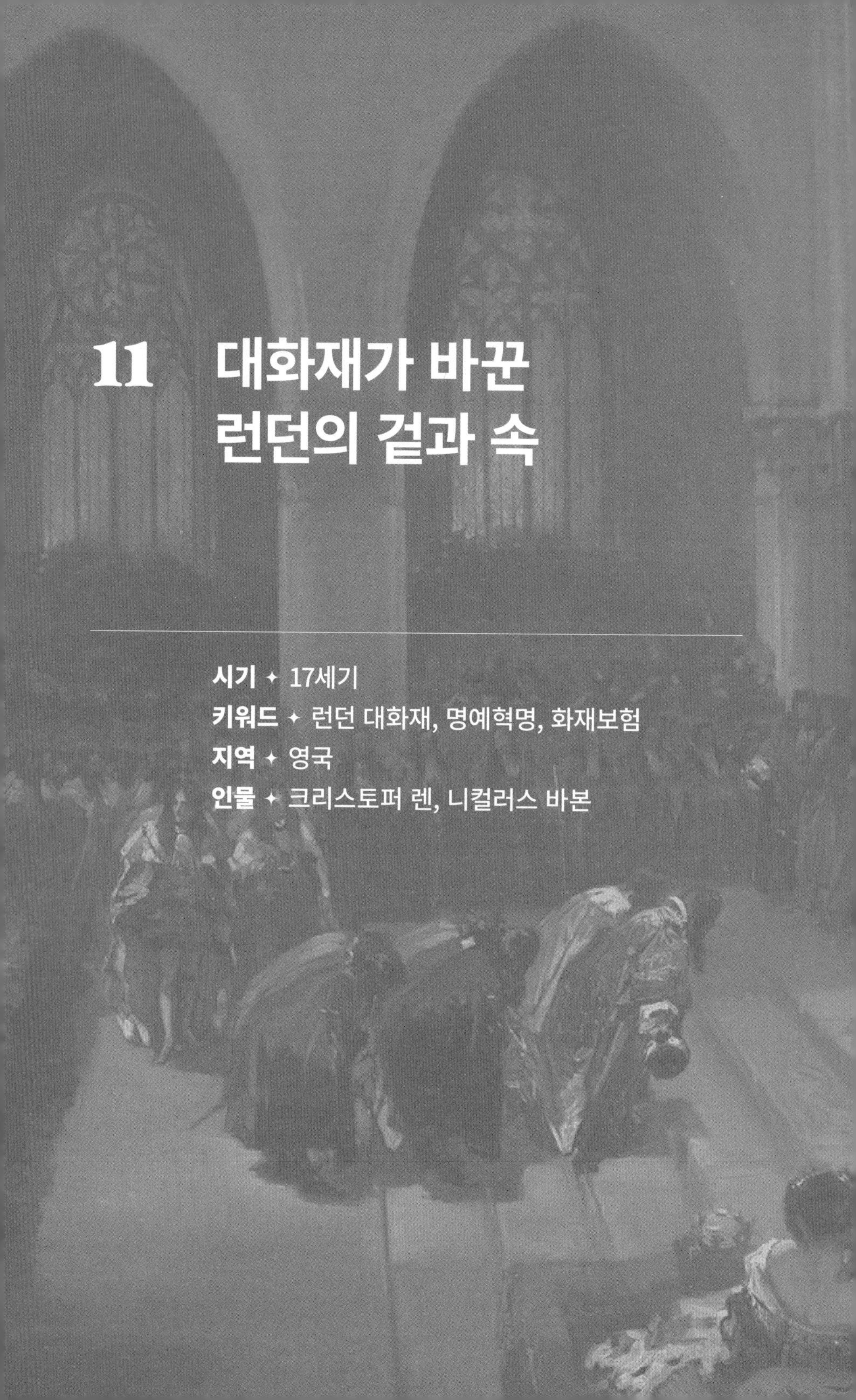

11 대화재가 바꾼 런던의 겉과 속

시기 ✦ 17세기
키워드 ✦ 런던 대화재, 명예혁명, 화재보험
지역 ✦ 영국
인물 ✦ 크리스토퍼 렌, 니컬러스 바본

아주 사소한 부주의가 도시를 집어삼켰다. 길을 잃은 불꽃이 목재로 된 집기를 먹이 삼아 덩치를 키웠기 때문이다. 한 집을 먹어 치우더니, 그 옆집에 또 그 옆집까지…. 걸신들린 화마는 주린 배를 움켜잡고 도시를 가로질렀다. 몸집이 불면 불수록 녀석은 더 많은 먹잇감을 입안에 밀어 넣었다. 그리고 닷새 뒤, 도시를 전부 잿더미로 만들고서 화마는 사라져버렸다.

가족이 먹고 마시고 대화를 나누던 따뜻한 공간은 폐허가 되었다. 신에게 기도하던 신성한 예배 공간도, 쾌락의 일탈로 가득한 매춘업소도, 왁자지껄 술을 마시던 주점도 이젠 아스라이 사라졌다. 도시에는 집을 잃고 길바닥에 나앉은 시민이 가득했다. 웃음과 행복은 검은 연기와 함께 증발하고 울음과 분노, 좌절만이 자욱했다. 대재앙이라고 불린 1666년 런던 대화재였다.

화재는 많은 걸 태웠지만, 역설적으로 그 잿더미는 더 튼튼하고 강력한 시스템의 자양분이 되었다. 소방 시스템과 더불어 오늘날 금융의 핵심 중 하나인 보험 산업이 태동했기 때문이다.

작은 빵집에서 시작된 저주

1666년 9월 초 런던 푸딩 레인의 한 작은 빵집. 한밤중 이곳에서 시작된 불은 빵집을 삽시간에 태워버리고 도시로 빠르게 번졌다. 당시 런던의 가옥은 대부분 목조 건물이었다. 불이 만찬으로 삼기에 딱 좋은 것들이었다. 사람들이 템스강의 물을 길어와 꺼보려 했지만 소용없었다. 닷새 동안 불은 런던을 그야말로 초토로 만들었다.

1만 3,200여 채의 가옥이 사라졌다. 런던 전체 80퍼센트에 해당하는 수치였다. 80개가 넘는 교회도 전소되었으며, 상점과 곡식 창고도 화를 피하지 못했다. 이재민의 수가 10만 명에 달하자 사람들은 신의 저주라고 울부짖었다. 경제적 피해는 오늘날 화폐 가치로 4조 원이 훌쩍 넘어서는 걸로 추산된다. 마침 666은 요한계시록에서 말한 악마의 숫자였다. 1666년에 욕망에 사로잡힌 인간들에게 내린 천벌처럼 보였다. 1년 전인 1665년에도 흑사병이 창궐해 수많은 사람이 죽어 나간 터였다. 그야말로 재앙 중 재앙이었다.

가톨릭 국가인 이탈리아와 스페인에서는 '(개신교 국가인 영국) 런던이 신의 징벌을 받았다'는 내용의 팸플릿이 돌아다닐 정도였다. 집을 잃고 화가 난 시민들이 가톨릭을 신봉하는 외국인을 공격해 죽이는 일까지 벌어졌다.

인간의 위대함은 재앙 속에서 드러난다. 국왕 찰스 2세Charles II가 귀족들과 협력해 도시 재건 사업을 신속하게 착수한다. 왕은 위기 앞에서 분열하지 않아야 한다는 걸 누구보다 잘 알고 있었다. 찰스 2세와 의회는 런던 재건 특별위원회를 꾸렸다. 런던 재건법 역시 그 어느 때보다 빨리 통과되었다. 런던의 건물을 목재가 아닌 벽돌이나 석재로 지어야 한다는 내용이었다. 석조 건물로 가득한 런던의 모습이 이때 윤곽을 처음 드러내기 시작했다.

재건 총책임자는 영국 역사상 가장 유명한 건축가인 크리스토퍼 렌Cristopher Wren이었다. 런던의 대표 건물인 세인트폴 대성당이 그의 작품으로, 이 건물은 제2차 세계 대전 당시 독일군의 공습에도 쓰러지지 않았다. 날 때부터 불길을 자궁 삼아 태어났기 때문일 것이다. 어떤 불에도 쓰러지지 않게 하겠다는 건축가들의 마음도 방염포로 작용했다.

다시 불타지 않는 건물을 세우다

원대한 계획은 언제나 비용에 발목 잡히기 마련이다. 런던 도시 재건도 마찬가지였다. 세금을 거두려고 해도 이재민이 너무 많아 돈을 낼 수 있는 사람 수가 적었다. 상점도 대부분 불에 타버려 경제는 마비에 가까운 상태였다. 이때 런던시가 묘안을 냈다. 도시 재건 채권을 발행하는 것이었다. 이자율은 4퍼센트로, 당시 시장 채권 평균 이자 10퍼센트의 절반에도 못 미치는 숫자였다. 그러나

재건된 세인트폴 대성당.

런던 시민들은 기꺼이 이 채권을 샀다. 도시 재건이 사익에 우선한다는 걸 알고 있었기 때문이다. 조국이 다시 일어서는 데 도움이 된다면 낮은 이자도 기꺼이 받아들일 수 있었다.

하지만 무너진 도시를 재건하는 일은 애국심만으로는 불가능하다. 수요를 읽고 명민하게 움직이는 상인의 욕망이야말로 도시의 대들보가 된다. 영국이 선진국이 될 수 있었던 건 어쩌면 '욕망의 경제학'을 있는 그대로 인정했기 때문일지도 모른다. 폐허를 재건하면서 돈을 벌려는 사업가가 등장했다. 니컬러스 바본Nicholas Barbon이었다.

원래 의사였던 바본은 대화재 사건 후에 전업을 결심했다. 건축업에서 돈 냄새를 맡았기 때문이다. 전국 각지에서 몰려든 벽돌공·석공·목수들을 한데 모아 주택 공급에 나섰다. 때로는 공터에 허가도 없이 집을 짓기도 했는데, 정부는 불법임을 알면서도 묵인할 수밖에 없었다. 집 한 채가 절실한 상황에서 법을 운운할 수 없었기 때문이다. 몇 년 안에 니컬러스 바본은 런던에서 제일 잘나

1666년 9월의 런던 대화재를 묘사한 그림.

가는 건축업자가 되어 있었다.

그는 비도덕적인 인간이었지만, 돈을 버는 데는 천부적이었다. 돈이 없는 사람들에게 집을 구할 방법을 알려준 것이다. 바본은 집을 지으려는 사람에게 돈을 빌려줬다. 그리고 집이 완성되면 이자와 함께 원금을 회수했다.

채무자가 빚을 갚지 못해도 문제없었다. 담보로 잡은 집을 가져가면 되기 때문이었다. 오늘날 주택담보대출의 첫 등장이었다. 돈을 벌려는 바본의 이기심이 런던 재건의 반석이 되고 있었다.

불타더라도 살아갈 대비책을 마련하다

바본의 사업 전략은 여기에 그치지 않았다. 그는 집을 지어주면서 런던 시민들의 마음속에서 공통된 응어리를 읽어냈다. 큰불에 대한 트라우마였다. 평생 일군 재산과 생활 터전을 잃을지도 모른다는 두려움이 마음 깊이 자리 잡고 있었다.

그는 이곳에서도 사업 기회를 포착한다. 평소에 조금씩 돈을 내고 불이 났을 때 보상을 받는 화재보험 사업이었다. 1680년 바본은 세계 최초의 화재보험 전문기업 '파이어 오피스'를 설립한다. 사업은 그야말로 초대박이었다. 런던 사람들의 오랜 근심을 해결해준 덕분이다. 새로이 재건된 런던 가옥 5,000채가 이 보험에 가입할 정도였다. 전체 가옥 5분의 1에 해당하는 수치였다.

보험의 핵심은 위험의 분산이다. 바본은 '남의 집 불구경'이나 하고 있을 인물이 아니었다. 소방대를 직접 운영하면서 보험에 가입된 집의 안전을 살뜰히 챙겼다. 가옥의 안전이 자신의 수익으로 이어지는 구조였기 때문이다. 소방이라는 공공 서비스의 시작이 한 사업가의 욕망에 의해 잉태된 것이다. 런던의 모델은 전 유럽으로 확산했다. 함부르크, 파리에도 화재보험 회사가 잇달아 생겨난다.

바본의 사업 모델은 '보험'이라는 거대한 산업의 씨앗이 되었다. 화재보험의 성공을 본 상인들은 여러 분야에 이 사업을 응용했다. 생명보험도, 해상보험도 바본의 성공을 모델 삼아 생겨난 비즈니스 모델이었다.

보험이라는 안전장치가 생겨나면서 상인들의 도전적인 투자도

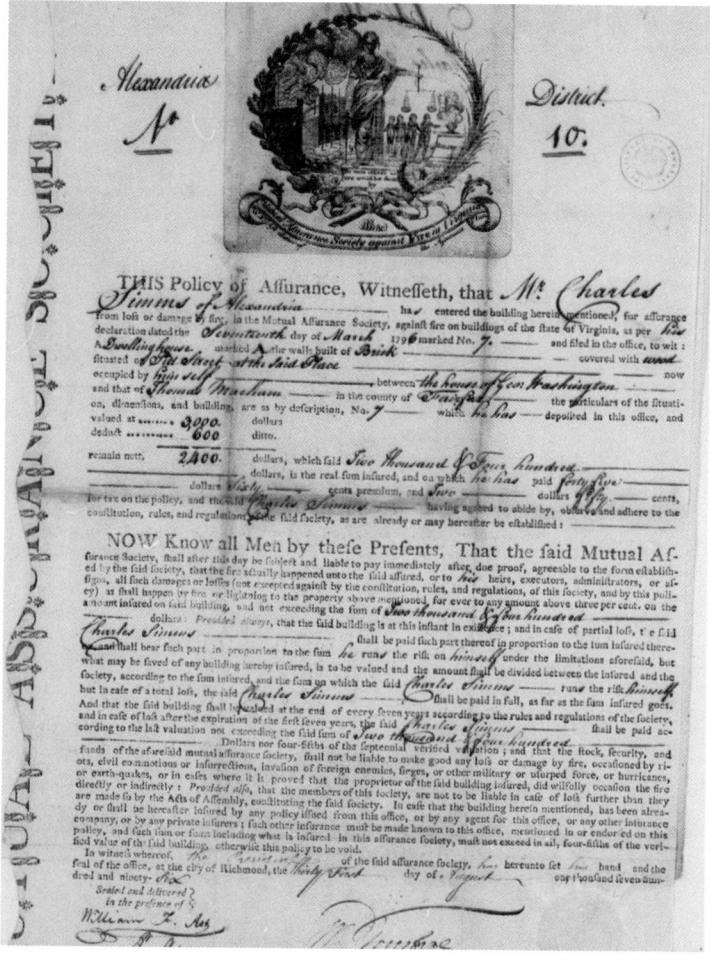

18세기 화재보험 계약서.

덤으로 따라왔다. 모든 재산이 불에 날아갈 걱정을 더는 하지 않아도 됐기 때문이다. 오늘날 보험 산업의 세계 시장 규모는 약 1경 307조 원에 달한다.

대화재는 런던이라는 도시의 파이를 키웠다. 집을 잃은 이재민들이 런던을 빠져나가 근교에서 새로운 터전을 마련했기 때문이다. 사람이 모이는 곳에서 시장이 형성되기 마련이다. 웨스트엔드라고 불리는 지역이 이때 형성되었다.

이뿐만이 아니다. 대화재는 역설적으로 런던의 상인을 지방으로 내쫓았다. 기업가 정신은 자리를 옮긴다고 시들지 않기에, 지방에서도 새로운 터전을 일군 상인들이 지방 도시들을 키워냈다. 브리스틀, 옥스퍼드, 케임브리지 같은 도시들의 상업 규모가 대화재 이후 커졌다는 해석이 나오는 배경이다.

불은 또한 영국인을 통합하는 도구가 되었다. 집을 잃은 사람들을 가엾게 여기고, 돈이 없어 부랑하는 시민들을 돕는 온정의 손길이 전국에서 이어졌다. 하층민과 귀족 가릴 것 없이 서로에게 손을 내밀었다. 당시 대화재가 영국 시민사회의 공동체 의식을 높여줬다는 분석도 있다. 다닥다닥 붙어 있는 목조 건물이 사라진 자리에 근사하고 웅장한 석조 건물이 들어서면서 비위생적인 환경도 개선되었다. 그 결과 전염병의 위험도 낮아졌다.

대화재를 극복한 시민의식의 성장

이렇게 물리적인 불은 사라졌지만, 그 잔불은 정치적 갈등에 옮겨붙었다. 찰스 2세의 뒤를 이은 동생 제임스 2세**James II**가 다시 의회를 무시하고 절대왕정을 시도하면서였다. 무소불위의 권력을 행사하다가 결국 참수된 아버지 찰스 1세Charles I의 전철을 밟아가고 있었다. 과거 왕당파와 의회파가 9년 동안 치열하게 대립한 내전의 불씨가 다시 촉발되는 듯 보였다.

그러나 시민들은 분열하지 않았다. 시민들이 더 이상 절대군주를 원하지 않았기 때문이다. 그들의 마음속에는 대화재가 만들어놓은 통합이라는 기념물이 우뚝 서 있었다. 도시를 재건하는 건 모두가 하나의 공동체라는 시민의식, 명민한 상인들의 경제 감각, 시민들의 의견을 살뜰히 반영하는 정치 시스템이라는 걸 알았다. 절대군주 하나로는 결코 일굴 수 없는 성취라는 걸 깨달은 것이다.

1688년 영국 시민들은 제임스 2세를 내쫓는다. 그리고 그의 딸 메리 2세Mary II와 남편 윌리엄 3세William III, **네덜란드 통치자인 오라녜 공작 빌럼 3세의 영국식 표기**의 공동 군주 체제를 준비한다. 피 한 방울도 흘리지 않고 이뤄져 '명예혁명'이라고 부르는 일대의 사건이었다.

1666년의 대화재는 도시를 삼켜버린 마그마였다. 펄펄 끓는 용암에 의해 모든 것이 사라져버렸다고 생각했을 때, 런던은 이 잿더

매리2세와 윌리엄 3세의 대관식.

미의 화산토를 옥토로 일궈 수많은 결실을 맺었다. 아름다운 석조 건축물의 도시도, 권력에 굴하지 않는 시민 정신도, 세계를 선도하는 자본주의 시스템도 그 결과물이다. 오늘날 모든 국가가 꿈꾸는 이상이 대화재 속에서 태어난 셈이다.

네줄요약

✦ 1666년 런던에는 도시 80퍼센트를 태워버리는 끔찍한 대화재가 발생했다.
✦ 왕과 의회는 신속하게 협력해 도시를 석조 건물로 다시 세우는 재건안을 수립하고 실행에 옮겼다.
✦ 자본가들은 화재에 대한 공포를 해결할 보험 산업을 태동시켰다.
✦ 재건 작업으로 시민들의 연대의식이 통합되면서 평화적 정권 교체인 '명예혁명'을 이루기도 했다.

참고문헌
- 이영석, 1666년 런던 대화재: 재난과 수습의 사회사, 역사학보 230집, 2016년

12 금속활자, 유럽에는 있고 조선에 없던 것

시기 ✦ 15~16세기
키워드 ✦ 금속활자, 면죄부, 산업스파이, 종교개혁
지역 ✦ 독일
인물 ✦ 요하네스 구텐베르크, 요한 푸스트

사각사각. 밤늦은 시간, 어둑한 골방에서 한 남자가 무언가에 열중하고 있다. 촛불이 뿜어내는 미세한 빛에 의지해 무언가를 열심히 닦는 모습이었다. 행색을 보아하니 며칠째 집 밖으로 나가지도 않았다. 수염은 덥수룩하고 고약한 냄새가 방 안을 진동했다. 얼마나 굶었는지 볼은 핼쑥하기 짝이 없었다.

식음을 전폐한 그의 시선 끝에는 글자 모양의 금속이 놓여 있었다. 오랜 시간 공들여 만들어낸 문자 모양의 금속을 보면서 그의 뺨에 눈물이 흘렀다. 뜨겁게 달궈진 쇳물이 만들어낸 아름다운 글자가 주는 황홀경. 남자의 이름은 요하네스 구텐베르크 **Johannes Gutenberg**, 유럽에서 최초로 가동식 금속 활자(알파벳 단위로 만들어진 금속을 배치하는 인쇄 시스템)를 발명한 사람이었다. 금속활자는 혁명이었다. 책을 한 글자 한 글자씩 써내려 갈 필요가 더는 없어졌다. 활자에 잉크를 바르고 찍어내면 몇 장이든 똑같은 걸 만들 수 있었다. 구텐베르크는 큰 부자가 될 생각에 미소를 짓고 있었다.

그러나 그에게 도착한 건 '부'가 아니라 '소송장'이었다. 금속활자 인쇄기를 내놓으라는 요구였다. 청춘을 다 바쳐 혁신적 발명품을 만들었는데, 그 공을 탈취하겠다는 것이다. 구텐베르크의 소송전이라고 불리는 이 사건은 대변혁을 일으키는 단초가 되었다. 신기술이 상인의 손으로 넘어가면서 유럽 전역에 인쇄 시스템이 퍼져나갔기 때문이다. 지식혁명이 폭발한 계기였다.

마인츠에서 태어난 책을 사랑한 소년

독일의 지방 도시 마인츠의 지역 귀족이자 직물 상인인 프리드리히 겐스플라이시Friedrich Gensfleisch는 제법 큰 돈을 번 지역 유지였다. 그 덕분에 조폐국장까지 오를 수 있었다. 프리드리히는 신분을 초월한 사랑에 빠졌다. 상대는 상인의 딸이었던 엘제 비리히Else Wirich였다. 귀족과 서민의 결혼은 호사가들의 입방아에 올랐지만, 프리드리히는 개의치 않았다. 1400년경 두 사람 사이에서 태어난 아이가 구텐베르크였다.

부유한 집안의 도련님이었지만 마냥 행복하지만은 않았다. 그에게는 서민의 피가 흐르고 있었기 때문이다. 아버지의 귀족 작위를 받을 수 없다는 의미였다. 아버지 프리드리히는 구텐베르크의 영특함을 눈여겨보고 양질의 교육을 시켰다. 덕분에 구텐베르크는 지역의 이름난 수도원에서 라틴어도 배웠는데, 그 당시 수도원은 최고의 교육기관이기도 했다. 교회 스테인드글라스를 통해 산란하는 빛들, 성가대의 조화로운 합창, 수도사들이 하나하나 필사하는 성경들까지, 명민한 구텐베르크에게 수도원의 모든 풍경이 영감의 원천이었다

특히 어린 구텐베르크의 눈에 들어온 것은 수도사들이 심혈을 기울여 만드는 책이었다. 마치 도를 구하듯 책에 집중하는 종교인들의 열정이 소년의 눈길을 사로잡았다. 짧게는 수개월, 길게는 수년까지, 책을 만드는 필경사들이 뿜어내는 경이로움에 소년은 매료되었다. 구텐베르크는 속세가 주는 신분 차별의 아픔을 수도원에서 잠시나마 잊을 수 있었다.

20살이 되던 해에 구텐베르크는 아버지를 잃는다. 세상의 풍파로부터 자신을 보호해줄 방파제가 사라지자 그는 이제 생업의 전

책을 만드는 필경사 수도승.

선에서 무던히도 애를 써야 하는 형편이 되었다. 더구나 고향인 마인츠에서는 반란까지 터졌다. 돈과 권력을 쥔 귀족들에 대한 젊은 상인들의 반발에 군중이 가세하면서 도시의 불안은 커져갔다. 귀족들을 향한 무력 테러까지 일어나자 구텐베르크는 마인츠를 떠날 수밖에 없었다. 그에게도 절반은 귀족의 피가 흐르고 있었기 때문이다. 귀족에게는 서민의 피가 흐른다고 멸시당하고, 서민들에게는 정작 귀족이라고 손가락질받던 이가 구텐베르크였다.

금 세공기술에서 금속활자가 탄생하다

구텐베르크가 새롭게 정착한 곳은 스트라스부르였다. 그는 이곳에서 금 세공업에 종사하면서 가족을 부양했다. 그가 어떤 경위로 금 세공업에 종사하게 되었는지는 알 수 없지만, 그 당시 가장 돈이 되는 일이었기 때문으로 추정된다. 이곳에서 배운 기술은 그의 인생은 물론 전 세계의 항로를 바꾸는 엔진이 된다. 금을 세공하는 기술을 기반으로 금속활자 제작에 나섰기 때문이다. 그 시절에 인쇄는 나무 활자로만 찍어내 내구성이 좋지 않았다. 금속으로 만든 글자를 조합하면 책을 찍어내는 데 훨씬 수월해질 수 있었다.

그가 고향 마인츠로 돌아온 이유도 새로운 사업을 위해서였다. 믿을 만한 사업가에게 돈을 빌려 금속활자를 만들고자 했다. 그때 구텐베르크에게 돈을 빌려주겠다고 나선 남자가 요한 푸스트Johann Fust였다. 그는 인쇄물을 향한 구텐베르크의 열정, 금을 만

구텐베르크를 낳은 도시 마인츠. 19세기 그림.

지는 기술의 탁월함을 일찌감치 알아봤다. 푸스트가 구텐베르크에게 거액을 베팅한 배경이다.

4년간의 노력 끝에 1450년경 마침내 구텐베르크가 금속활자를 발명한다. 푸스트도 함께 눈물을 흘렸다. 한 푼도 못 건질 뻔했던 투자금을 마침내 회수할 수 있게 된 기쁨의 눈물이었다. 가톨릭 교황청도 구텐베르크의 인쇄기를 보고 놀라움을 감추지 못했다. 당시 교황청은 엄청나게 많은 인쇄 작업을 필요로 했다. 면죄부의 발행 때문이었다. 죄를 지어도 벌을 받지 않게 해준다는 신의 문서는 사실 신을 가장한 악마의 목소리였다. 구텐베르크는 금속활자로 성경과 함께 면죄부를 찍어내 돈을 벌었다. 종교개혁의 단초가 되는 일대의 사건이 금속활자로 인해 벌어진 셈이었다.

사업가 푸스트는 마음이 편치 않았다. 약속한 날이 되었는데도 구텐베르크가 돈을 갚을 생각이 없어 보였기 때문이다. 연락을 취해도 미적지근했고 상환을 요구하는 편지는 함흥차사였다. 그가 얼마를 벌어들이는지도 알 수 없었다. 푸스트는 결국 1456년에 마인츠 대주교 법정에 소송을 제기했다. 구텐베르크의 입장에서는 금속활자 사업을 시작하자마자 소송전에 휩싸이게 된 셈이다. 법원의 판단은 명확했다.

"구텐베르크는 원금과 이자를 합친 금액을 푸스트에게 갚아야 한다."

상인 푸스트 인쇄술의 확산을 이끌다

푸스트는 타고난 상인이었다. 돈과 이자를 받고 끝날 그가 아니었다. 구텐베르크의 인쇄기를 담보로 잡고, 진짜 복수를 준비했다. 구텐베르크의 조수 피터 쇠퍼Peter Schöffer를 꾀어 동업을 제안한 것이다. 구텐베르크의 핵심 기술을 빼 오기 위해서였다. 푸스트는 이를 위해서 쇠퍼에게 자기 딸과 결혼시켜주겠다는 제안을 하기도 했다. 지금 기준으로 보면 명백한 산업 스파이다. 사업은 일사천리로 진행되어 이듬해인 1457년 푸스트-쇠퍼 인쇄소에서 《마인츠 시편집》이 출판된다. 서양 역사에서 금속활자로 찍어낸 두 번째 작품이었다.

푸스트-쇠퍼 인쇄소는 후발주자인 만큼 한 발 더 나아가고자 했다. 인쇄 잉크에 색을 도입하는가 하면, 인쇄 연도를 표시하기도 했다. 출판물의 가치를 높여 구텐베르크의 작품을 따라잡기 위해서였다.

글로벌 시장의 가치를 알았던 푸스트는 유럽에서 가장 큰 도시인 파리에 지점을 내기로 결정한다. 독일에서 인쇄된 출판물을 파리에 직접 공급하는 것이었다. 며칠 사이 50권의 책이 팔려나갔다. 필사본만 팔리던 시대에는 이례적인 일이었다. 수십 권의 책이 쌓여 있는 모습을 본 파리 시민들이 "악마가 만든 책"이라고 교회

마인츠 시편은 푸스트와 쇼퍼가 만든 금속 활자 인쇄물이었다. 훨씬 더 다채롭고 화려한 모습이다.

에 고발했을 정도였다. 실제로 푸스트는 '흑마술 혐의'로 잠시 투옥되었지만, 인쇄술 기술을 설명하면서 풀려날 수 있었다.

푸스트가 유럽 진출을 구상할 때 구텐베르크는 마인츠에 머물렀다. 그에게 발명의 감각은 있었어도 상인의 영민함은 없었기 때문이다. 푸스트가 세상을 떠난 뒤 동업자이자 사위인 쇠퍼르는 출판업을 더욱더 확장했다. 그의 아들인 피터 쇠퍼르 2세는 독일 전역은 물론 이탈리아까지 진출했다. 덕분에 쇠퍼르 가문은 유럽 출판업의 기반이 되었다고 평가받는다.

푸스트는 남의 사업을 탐내는 탐욕가였지만, 역설적으로 그의 욕망은 유럽 인쇄 산업의 혁신을 불러일으켰다.

조선에 없고 독일에 있었던 것

금속활자가 불러온 영향은 대단했다. 책의 대량 생산이 가능해지면서 소수가 독점하는 지식이 민중 전체를 향해 날아갈 채비를 마쳤다. 더 많은 책은 더 많은 호기심을 부르고, 지적 욕구는 더 많은 책을 낳았다. 지식의 선순환이다. 오직 라틴어로 성경을 번역하고 신학적 지식을 독점하던 가톨릭이 무너진 배경의 한 축에도 인쇄술이 있다. 유럽의 민중은 이제 자신들의 언어로 '신의 말씀'을 듣고자 했다. 필경사가 한 자 한 자 옮겨서 책을 만드는 시스템에서는 결코 일어날 수 없는 일이었다. 또한 금속활자 기술이 오직 구텐베르크에게만 머물렀다면 유럽의 지식혁명을 불러온 인쇄혁명의 시기는 더욱 늦춰졌을지 모른다.

이쯤 되면 우리가 구텐베르크보다 150년이나 앞서 가동식 금속활자로 글을 찍어냈다는 생각이 머릿속을 맴돌 것이다. 사실이다. 〈백운화상초록불조직지심체요절(직지)〉이다. 그러나 우리의 금속활자는 문화재의 관점에서 위대했을지언정, 경제적으로 혁신적이지 못했다. 인쇄 기술이라는 혁신의 불꽃이 오직 지배계층을 위해서만 사용됐기 때문이다. 발명은 있었으나 상업이 없었다.

15세기 유럽의 인쇄소.

전 세계 최초의 금속활자로 인정받는 직지는 1377년, 고려 우왕 시절에 탄생했다. 그리고 조선시대로 이어지며 기술의 개량도 이루어졌다. 하지만 여기까지가 한계였다. 그 당시 한반도 유일의 출판 기관은 조선 조정이었다. 그들은 동시에 강력한 검열기관이었다. 어떤 지식을 담을지, 무엇을 찍어낼지, 몇 부를 출판해 배부할지를 조선 왕실이 정했다는 의미다. 인쇄술은 나날이 개량되어 갔지만 왕실은 실제 행정과 유교 교육에 꼭 필요한 책만 찍어냈다. 유교에 반하는 지식의 유통을 막고자 했기 때문이다. 조선에는 욕망으로 똘똘 뭉친 상인 푸스트와 쇠페르가 없었다.

책을 숭상하는 그들의 태도도 인쇄혁명을 막는 장애물이었다. 그들에게 책은 고귀한 가치와 불변하는 진리의 메신저였다. 책을 읽는 건 가장 신성한 행위였기에 저잣거리의 장사치나 천한 농부의 자식 따위가 감히 건드려서는 안 되는 것이었다. 16세기 조선의 향교와 서원의 훈장들은 《격몽요결》을 펼쳐놓고 학생들에게 두 손을 모으고 무릎을 꿇으라고 주문했다. 강제적 근대화가 이뤄지기까지 한반도에서 새로운 책이 나오지 않은 배경이었다. 새 책이 없다는 건, 새 지식이 없다는 뜻이기도 하다. 그리고 이는 사회에 혁신이 없었음을 의미했다.

역사에 '만약'은 없다지만, 조선 조정이 표음문자 한글과 금속활자 인쇄술을 기반으로 무수히 많은 책들을 인쇄했으면 어땠을까? 지식이 민중의 언어로 전파되고, 수많은 혁신 기술이 서로 화학작용을 일으켜 새로운 결과물을 창출하지 않았을까? 과학, 문화, 농업, 상업의 지식이 국부를 만들지 않았을까? 임진왜란부터 병자호란, 이어지는 망국과 식민지배통치 과정에서 적어도 덜 무기력하지는 않았을까? 19세기부터 유럽이 주도한 국제 질서에 바보처럼 끌려가지만은 않지 않았을까?

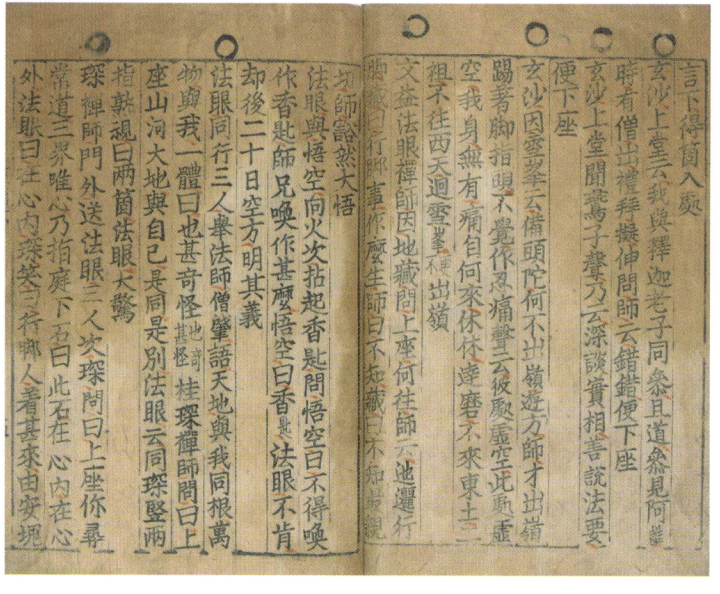

직지 금속활자.

경제사는 우리에게 한 가지 해답을 보여준다. 발명보다 중요한 건 언제나 시장화marketing라는 진실을. IT 혁명기인 현대사회만 봐도 그렇다. MP3 플레이어를 세계에서 가장 먼저 개발한 나라는 대한민국이었다. 엠피맨은 아이팟iPod보다 먼저 개발돼 대중의 귀를 즐겁게 해줬다. 그러나 세계를 뒤흔든 건 애플Apple의 아이팟이었다. 발명의 속도보다, 대중의 수요와 감각을 읽는 마케팅에 집중했기 때문이다. SNS의 일종인 싸이월드도 페이스북Facebook보다 앞섰지만 결국 역사의 뒤안길로 사라졌다. 기술이 부족해서가 아니었다. 더 큰 시장에 닿지 못해서였다. 더 많은 소비자의 마음을 훔치지 못해서였다. 직지와 구텐베르크의 성경. 엠피맨과 아이팟이 전하는 메시지다.

네줄요약

✦ 구텐베르크는 금속활자 인쇄술을 발명했지만, 투자자이자 상인인 요한 푸스트에게 소송을 당하고 위기를 겪었다.

✦ 푸스트는 탁월한 상업 감각으로 압류한 인쇄기를 활용해 유럽 곳곳에 책을 공급하는 역할을 했고, 이로써 유럽에 지식혁명이 폭발했다.

✦ 구텐베르크보다 앞서 금속활자를 발명한 우리나라는 인쇄술이 소수의 지배계급이 독점하는 기술이었다.

✦ 우리나라 인쇄술에는 기술만 있었고 상업이 없었기에 지식혁명도 일어나지 못했다.

참고문헌

- 제임스 레이븐 외, 옥스퍼드 책의 역사, 교유서가, 2024년

3

거물의
경제사

13 태양왕의 치세는
콜베르 전후로 나뉜다

시기 ✦ 17세기
키워드 ✦ 중상주의, 재상, 재정
지역 ✦ 프랑스
인물 ✦ 루이 14세, 장바티스트 콜베르, 니콜라 푸케

세상의 주인이 되고자 했던 남자가 있었다. 세계에서 가장 큰 궁전, 아름다운 여인들, 진귀한 동식물까지, 모든 것은 자신의 소유여야 했다. 불이 꺼지지 않는 궁전에는 그의 치세를 찬양하는 신하들로 가득했다. 지상에 만든 천국에서 그는 신과 다름없었다. 프랑스 절대왕정의 상징인 '태양왕' 루이 14세의 이야기다.

경제학의 기본 원칙은 간단하다. 공짜 점심은 없다는 것이다. 루이 14세가 절대 권력을 누릴 수 있던 배경에는 나라 곳간을 가득 채운 훌륭한 신하가 있었다. 재무총감인 '위대한 콜베르Le Grand Colbert'였다. 루이 14세의 프랑스가 향락의 극치를 달리면서도, 유럽의 최강자로 떠오른 배경에는 콜베르의 회계 지식이 자리하고

베르사유 궁전에서 의전을 묘사한 장 레옹 제롬의 그림.

있었다. 오늘날 가장 아름다운 궁전으로 통하는 베르사유 궁전 역시 콜베르가 없었다면 존재하지 않았을 것이다.

그는 어떻게 프랑스를 강대국으로 만들었을까?

절대왕정의 초라한 시작

"저는 정치가 너무 무서워요, 어머니."

오늘날 절대왕정의 상징으로 통하는 루이 14세지만 그 시작은 미약했다. 아버지 루이 13세Louis XIII는 네 살에 불과한 루이 14세를 두고 세상을 떠났다. 그에게 남겨진 건 전쟁으로 막대한 부채에 허덕이는 프랑스였다. 어머니 안 도트리슈Anne d'Autriche와 재상 쥘 마자랭Jules Mazarin의 섭정기에 민중의 삶은 비참하기 그지없었다.

결국 프롱드의 난이 터지고 말았다. 왕권이 약해진 시기를 기회 삼아 귀족들이 권력을 강화하려는 시도였다. 파리를 봉쇄한 반란군을 피해 루이는 어릴 때부터 피난을 다녀야만 하는 처지였다. 프롱드의 난은 가까스로 진압되었고, 그 사이 루이 14세의 마음속에는 큰 결기가 섰다. "어떻게든 나라를 강대국으로 만들겠어. 내 자리를 보전하기 위해서라도."

1651년 13살의 루이 14세가 친정을 선언한다. 나이는 어렸지만 더 이상 어머니의 치마폭에 싸여 있을 수만은 없는 일이었다. 마자랭 재상과 통치에 관한 대화를 나누고, 인재를 등용하면서 프랑스가 나아가야 할 길을 구상하기 시작한다.

"이 남자를 써보시지요."

어느 날 마자랭 재상이 루이 14세를 알현할 때, 한 남자를 대동했다. 장바티스트 콜베르Jean-Baptiste Colbert는 마자랭의 최측근으로

어린 시절의
루이 14세.

그에게 정치적·경제적 조언을 아끼지 않는 '브레인'이었다. 마자랭이 루이 14세의 브레인으로 활약했을 때 마자랭에게 조언해왔던 것이 콜베르였다. 루이 14세의 국정 운영에 콜베르가 간접적으로 관여해온 것이다.

콜베르는 프랑스 샹파뉴의 주도 랭스의 금융가에서 태어났다. 무역에 필요한 금전을 제공하는 것을 가업으로 삼은 집안이었다. 10대 중반부터 회계사 교육을 받았을 정도로 그들에게 경제는 중요한 요소였다. 같은 이유로 그는 당대 최고의 금융 국가인 이탈리아의 은행가 집안 마스크라니Mascrani 가의 리옹 사무실을 첫 직장으로 삼았다. 근대판 월스트리트 글로벌 지점이라고 해야 할까.

그곳에 근무하면서 콜베르는 회계의 중요성을 가슴 깊이 새길 수 있었다. 문서 처리, 법적 절차, 행정력까지, 그는 당대의 이름난 재무 전문가가 되어가고 있었다. 그 시절 상인들의 상업 매뉴얼인 아르스 메르카토리아Ars Mercatoria를 완전히 체화한 인물이 콜베르였다. 회계의 중요성이 무시되던 프랑스에서는 이례적인 일이었다.

회계로 국가 재정을 재정비하다

상인의 집안에서 태어난 콜베르는 관직의 꿈을 품었다. 그의 꿈은 프랑스의 부국이었다. 이를 위해 1639년 육군성에 들어갔다. 여기서 그는 군대의 병력과 보급품을 모두 정리해 재정 상태를 완벽하게 파악했다. 이 특출난 젊은이를 눈여겨보던 사람이 바로 프랑스의 수뇌부 마자랭 재상이었다. 마자랭은 콜베르를 핵심 인재로 활용한다. 그에게는 엄청난 재산이 있었지만 관리할 능력이 없었고, 콜베르는 지식은 있었지만 재산이 미미했다. 두 사람은 서로에게 부족한 걸 채워줄 수 있었다. 1658년 800만 리브르**프랑스의 옛 화폐 단위**였던 마자랭의 재산을 콜베르는 3년 만에 3,500만 리브르로 불려놓는다. 이것이 마자랭이 콜베르를 루이 14세에게 소개해주는 계기가 되었다. 마자랭이 죽은 뒤, 루이 14세의 옆에는 콜베르가 자리했다. 귀족이 아닌 회계사가 왕의 측근이 된 건 프랑스 역사상 처음 있는 일이었다.

"프랑스에는 도둑이 너무 많습니다."

콜베르는 회계사의 눈으로 프랑스의 재정을 바라보기 시작했다. 매의 눈으로 진단하던 콜베르는 프랑스에 돈이 없는 게 아니라, 이를 몰래 빼내 가는 도둑이 많은 것이라고 판단한다. 큰 도둑은 가까운 거리에 있었다. 재무대신이었던 니콜라 푸케Nicolas Fouquet였다. 전임 재상인 마자랭과 함께 루이 14세를 보필한 인물인 그는 왕실 금고에서 사부작사부작 돈을 빼돌린 덕에 엄청난 부를 쌓아 올릴 수 있었다. 프롱드의 난으로 프랑스 왕실이 휘청거리고 있을 때조차 그의 가문은 부유해져만 갔다.

돈이 많다고, 눈치가 빠른 것은 아니었다. 1661년 8월 푸케는 루이 14세를 자신의 성으로 초청해 화려한 연회를 열었다. 불꽃놀이, 발레 공연, 진귀한 음식들까지, 왕의 궁전보다 더 큰 스케일에 루이 14세는 놀랄 수밖에 없었다(이때의 질투심으로 베르사유 궁전을 크게 키웠다는 해석도 있다). 왕은 콜베르에게 곁눈질을 보낸다. "푸케의 뒷조사를 시작하게."

파티가 끝나고 한 달 뒤, 콜베르가 왕의 총사들을 데리고 한 성에 나타났다. 푸케의 성인 보르비콩트, 화려한 축제를 벌였던 그곳이었다. 총사들은 왕의 명임을 밝히고 푸케의 성을 수색했다. 그 결과 그가 어떻게 프랑스의 국고를 빼돌렸는지 적혀 있는 회계 장부를 발견했다. 니콜라 푸케는 더 이상 프랑스의 재무대신이 아닌, 국가 반역자였다.

이 압수 수색을 이끈 무사가 소설《삼총사》에 나오는 다르타냥 d'Artagnan이었다. 다르타냥과 짝을 이룬 콜베르는 무서울 것이 없었다. 루이 14세는 콜베르를 앞세워 회계를 무기로 정적을 제거했던 셈이다.

회계사 콜베르는 프랑스의 최고 지도자 루이 14세의 선생님이었다. 국가 전반의 운영에 회계가 반영되어야 한다면서, 국왕에게도 회계의 기본을 교육했다. 루이 14세가 쉽게 읽을 수 있도록《프랑스 재무에 관한 역사적 회고록》도 집필했다.

　세금 징수만 중요한 게 아니라, 그 세금을 잘 지키고 운용하는 것도 중요하다는 사실을 강조하는 내용이었다. 과거 프랑스 왕들은 오만한 신하들에게 재정을 모두 맡기는 바람에 결국 암군으로 전락했다는 경고이기도 했다. 어렸을 때부터 힘센 귀족들의 반란에 치를 떤 루이 14세는 누구보다 콜베르의 말을 경청했다. 왕은 보물로 장식된 회계 원장을 가지고 다니면서 국가 재정을 살폈다. 콜베르는 일주일에 두 번 이상 회계 장부를 보고했는데, 루이 14세는 그가 보고하는 부기를 이해하고 좋아했다고 한다. 콜베르는 여기에서 더 나아가 프랑스의 군주는 '회계의 왕'이어야 한다고 주장했다. 돈이 어떻게 들어오고 흘러가는지를 알아야 국부를 쌓을 수 있다는 이유에서였다.

　재상에 오른 콜베르의 활약은 더 늘어갔다. 세금제도를 효율적으로 정비해 국가 수입의 기반을 마련한 것도 그였다. 관세를 신설하고, 토지세도 현실에 맞게 조정했다. 세금 징수원들에게 정확한 기록을 남길 것도 강조했다. 허가받지 않은 임의적 면제는 당연히 폐지되었다. 니콜라 푸케를 축출한 지 5년 만에 프랑스의 재정은 흑자를 기록한다.

　부채 이자는 5,200만 리브르에서 절반 이하로 떨어졌다. 중상주의를 기치로 내건 그는 리옹에 실크 제조업체를 육성하고 유럽의 여러 장인들을 프랑스로 불렀다. 산업을 본격적으로 육성하기 위해서였다. 루이 13세 시절의 병약한 프랑스는 이제 없었다. 경제학의 아버지 애덤 스미스도 "콜베르가 국고 세입의 징수와 지출에 질서를 도입했다"고 상찬했을 정도다.

젊은 군주 루이14세.

경제보다 정치를 우선할 때 벌어지는 일

"언제까지 자린고비로 살아야 한단 말이냐."

재정이 탄탄해지면서 루이 14세와 콜베르의 관계는 조금씩 어긋나기 시작했다. 부유한 재정 상태임에도 콜베르가 언제나 루이 14세의 결정에 어깃장을 놨기 때문이다. 베르사유 궁전의 확장에도, 신흥 강호 네덜란드와의 전쟁에도 콜베르는 회계 장부를 들이밀었다. 자신이 만들어놓은 부국 프랑스를 망치지 말라는 경고였다.

하늘이 루이 14세의 이야기를 들어준 것이었을까? 1683년 8월,

콜베르가 숨을 거둔다. 신장에서 커다란 돌이 요관을 막은 탓이었다. 루이 14세는 그의 죽음을 표면적으로 애도하면서도, 이제 자신의 정치적 권위를 막을 자가 없다는 생각에 속으로 미소 지었다.

콜베르에 이어 재무총감의 자리는 클로드 르 펠레티에Claude Le Peletier가 차지했다. 콜베르의 오랜 라이벌 집안이었다. 권력을 분산시켜 왕권을 강화하기 위한 루이 14세의 조치였다. 하지만 콜베르

1700년 루이 14세의 초상화.

집안은 신임 재무총감 클로드에게 재무 관련 정보를 인계하지 않았다.

펠레티에는 "콜베르 집안이 어떤 정보도 넘기지 않아 프랑스 재정을 전혀 이해할 수가 없다"고 토로했을 정도였다. 회계는 권력이었고, 절대로 양도할 수 없는 어떤 것이었다. 콜베르라는 개인의 죽음은 프랑스 재정의 죽음과도 같았다. 시스템으로 움직이지 않는 국가는 모래 위에 지어진 성이었다.

콜베르라는 고삐가 사라지자 태양왕의 야심은 더욱더 타올랐다. 프랑스를 넘어 유럽 전역에 부르봉 왕가의 영향력을 확대하고 싶었던 것이다. 독실한 가톨릭이었던 왕에게는 점점 성장하는 개신교 국가들을 혼내주고 싶은 마음도 있었다. 퐁텐블로 칙령을 통해 프랑스 내 개신교 박해를 공식화하기도 했다.

네덜란드·영국·합스부르크 제국이 이에 맞서 동맹을 결성했다. 유럽에 절대적 지배권을 행사하려는 루이 14세를 두고 볼 수만은 없었기 때문이다. 1688년에 9년 전쟁이 시작되었다. 이 전쟁은 승패 없이 막대한 빚만 남기고 끝났다. 전쟁의 상흔이 다 아물기도 전에 1700년 스페인 제국의 황제 카를로스 2세가 후계 없이 죽으면서 이를 둘러싼 전쟁이 또다시 이어졌다. 결국 부르봉 왕가가 스페인의 왕위를 계승하게 되었지만 치러야 할 비용은 너무나 컸다. 무수한 물자와 비용을 투자한 끝에 얻은 성취였다. 프랑스의 국력은 무너지고 있었다. 국가 차원에서 이뤄진 개신교 박해로 프랑스를 떠난 사람들이 90만 명에 달했다. 활발한 경제 활동으로 프랑스 경제의 윤활유 역할을 하던 사람들이었다. 생전에 종교 탄압에 반대 목소리를 내오던 콜베르가 죽은 뒤 프랑스가 경제보다 정치를 우선시하면서 벌어진 일이었다. 켜켜이 쌓인 재정적 부담은 결국 프랑스를 무너뜨렸다. 1789년 7월 프랑스 혁명이 터져 부르봉 왕조를 몰락시켰다. '위대한 콜베르'가 죽은 지 100년이 조금 지난 시점이었다.

오늘날 경제학의 관점에서 콜베르주의는 조악한 구석이 많다. 자국 산업을 육성하기 위해 지나친 국가적 개입이 이뤄졌기 때문이다. 외국으로부터 수입을 제한함으로써 자국 소비자 이익을 해친 것도 단점으로 지적된다.

콜베르의 정신은 그럼에도 여전히 유효하다. 튼튼한 국가 재정이 부국의 기본임을 입증했기 때문이다. 그래서인지 미국 건국의 아버지 중 한 명이자 초대 재무부 장관을 지낸 알렉산더 해밀턴 Alexander Hamilton은 콜베르를 열렬히 존경했다. "프랑스가 번영을 찾을 수 있었던 건 '위대한 콜베르'의 능력과 불굴의 노력 덕분이다." 해밀턴 역시 콜베르처럼 중앙집권적인 재무 시스템만이 부국의 기본이라고 생각했다. 제국을 이룬 미국의 기원에 콜베르의 정신이 녹아 있는 것이다.

외젠 들라크루아가 1830년 대혁명을 모티브로 그린 작품 〈민중을 이끄는 자유의 여신〉.

네줄요약

✦ 프랑스 절대왕정의 상징인 루이 14세가 향락을 즐길 수 있었던 배경에는 튼튼한 국가 재정이 있었다.

✦ 이 국가 재정을 설계한 이가 회계사 콜베르였다.

✦ 콜베르는 다르타냥과 함께 국가 재정을 좀먹는 이들을 적발하고, 세금제도를 개편했다.

✦ 콜베르가 사망한 지 100년이 조금 지나서 부르봉 왕조는 방만한 국가 운영으로 무너졌다.

참고문헌
- 제이컵 솔, 회계는 어떻게 역사를 지배해왔는가, 메멘토, 2016년
- 앙드레 모루아, 프랑스사, 김영사, 2016년

14 자유 영혼 케인스가 자유방임 경제에 내린 처방전

시기 ✦ 19~20세기
키워드 ✦ 금본위제, 베르사유 조약, 대공황, 뉴딜, 케인스주의
지역 ✦ 영국
인물 ✦ 존 메이너드 케인스

'지금 당신과 키스하고 손을 잡을 수 있다면 얼마나 얼마나 행복할까요.'

편지를 쓰는 내내 남자의 얼굴에 미소가 번졌다. 연인의 불그스름한 입술이 생각나서였다. 다시 만년필을 꽉 쥐었다. 그가 얼마나 상대방을 생각하고 있는지, 얼마나 진심인지 글로 증명하기 위함이었다. 절절한 연애편지를 받은 이는 화가 덩컨 그랜트Duncan Grant, 즉 이 연애편지의 수신인도, 발신인도 모두 남자였다.

편지로 애정 표현을 한 주인공은 너무도 유명한 존 메이너드 케인스John Maynard Keynes, 1930년대 대공황에 대한 해결책을 제시하고 제2차 세계 대전 후 세계 경제를 설계한 거물 경제학자다. 그는 한 여자와 결혼해 원만한 가정을 꾸렸지만 연애 초기에는 남자 애인을 여럿 거친 양성애자였다. 수많은 남자와 잠자리를 한 뒤에 이를 일기장에 기록할 정도로 메모광이기도 했다. 사생활도, 학문에서도 자유로웠던 그가 세계 경제사의 물줄기를 바꿨다.

개방적인 집안의 천재 소년

"케인스, 항상 남들과 다르게 생각하렴."

케인스 가문은 귀족이었지만 허례허식과는 거리가 멀었다. 존의 아버지와 어머니는 영국 사회 상류층이면서도 열린 분위기를 추구했다. 아버지 존 네빌John Neville Keynes은 케임브리지 대학교에서 수학한 경제학자, 어머니 플로렌스Florence Ada Keynes 역시 같은 학교에서 공부한 사회운동가였다. 부잣집에서 살면서도 언제나 낮은 곳을 살피며 어려움이 닥친 사람, 굶고 있는 부랑자들을 돕는 일에도 적극적인 부부였다. 두 사람은 세 자녀에게도 사랑과 지원을 아끼지 않았지만 부모의 생각을 강요하지는 않았다. 언제나 자녀의 생각을 물었고 그 판단을 존중했다. 횃불을 들고 고성을 지르며 끌고 가는 부모가 아니라 촛불로 자녀가 가는 길을 조용히 밝혀주는 현명한 사람들이었다.

케인스는 부모라는 너른 울타리에서 자유롭게 뛰어놀았다. 부모의 지능과 성품을 물려받은 덕분인지 그는 어디를 가나 두각을 드러냈다. "학교의 그 어떤 소년보다 뛰어나다"는 극찬을 받았다.

1902년, 케인스는 부모의 모교인 케임브리지 대학교에 입학했다. 케임브리지는 보수적인 영국 빅토리아 사회에서도 단연 자유로운 학풍으로 유명했다. 옥스퍼드, 에든버러 등 다른 명문 학교들이 전통을 고수하는 반면, 케임브리지는 격식을 파괴하는 방식의 교육 철학으로 이름났다. 학생과 교수가 자유롭게 토론하면서 때로는 격론을 벌이기도 했다. 껄끄러운 주제인 종교에 관해서도 신랄한 비판을 할 수 있었던 곳이 케임브리지였다. 케인스의 성향과 무척이나 닮은 조직이었다.

케임브리지언으로 행복한 나날을 보내던 케인스에게 한 제안이 들어온다. 예술·문학·정치에 관해 토론하는 지적 모임에 합류하지 않겠느냐는 권유였다. '블룸즈버리 그룹' 혹은 '케임브리지의 사도회'라고 불린 이 조직은 화가·소설가·학자들의 모임으로, 구성원 면면도 화려했다. 대문호로 꼽히는 버지니아 울프Virginia Woolf나 E.M. 포스터E.M. Forster도 이 모임에 속해 있었다. 케인스는 고민하지 않고 응했다. 수준 높은 지적 대화는 그에게 무엇보다 황홀한 경험을 선사했기 때문이다.

블룸즈버리 그룹이 지적으로만 자유로웠던 건 아니다. 구성원들은 성적으로도 시대가 규정한 규범을 가볍게 뛰어넘었다. 케인스는 같은 모임의 화가 덩컨 그랜트를 비롯해 뭇 남성들과 자유롭게 연애했다. 그랜트는 또 다른 회원인 작가 리튼 스트레치Lytton Strachey와도 그렇고 그런 사이였다. 난잡한 동성애 관계로 비칠 수 있겠지만, 블룸즈버리 안에서만큼은 어떤 도덕적 비난도 없었다. 쾌락을 추구하는 것을 인간이 가진 당연한 권리로 여겼기 때문이다. 오직 이성과만 사랑을 나누고 결혼하는 빅토리아적 관습을 블룸즈버리 그룹은 단호히 거부했다. 자유와 욕망은 블룸즈버리 클럽이 지고의 가치로 삼던 것들이었다.

제1차 세계 대전의 배상금을 반대하다

"인도에서 근무해보게."

케인스의 뛰어난 경제 지식을 눈여겨보던 영국 재무부에서 1906년, 새내기 경제학자인 그를 고용해 인도 사무국으로 파견한다. 식민지 인도의 숱한 경제 문제를 해결해주길 바라는 의도가 담겨 있었다. 자유로운 품성에서 뿜어져 나오는 다양한 경제 지식은 인도반도에서 빛을 발했다. 케인스는 인도의 경제가 금본위제에 지나치게 묶여 있다고 진단한다.

금본위제는 국가가 발행한 화폐를 은행에 제시하면 금으로 바꿔주는 제도다. 바꿔 말하면 정부가 화폐를 발행하기 위해서는 정확히 그만큼의 금을 보유하고 있어야 한다는 의미다. 금과 연결된 국가 화폐의 가치를 안정적으로 유지할 수 있다는 장점이 있는 반면, 금이 있어야만 화폐를 발행할 수 있기에 금융 정책은 그만큼 발이 묶이게 되는 단점도 상존했다. 인도 경제는 점점 커져가고 있었지만 덩치에 맞는 '금'이 존재하지 않았다. 케인스는 금본위제의 모순을 〈인도 화폐와 재정 문제〉에 담았다. 케인스가 영국 경제학계의 주목을 받게 한 논문, 아니 작품이었다.

1914년 대영 제국의 수도 런던은 분주했다. 유럽이 전쟁의 화마에 휘말린 탓이었다. 제1차 세계 대전이었다. 막대한 군수품을 조달하기 위한 재정 계획이 무엇보다 중요한 시기에 전쟁에 참전한 영국은 그 어느 때보다 경제 지식에 목말랐다. 그래서 이번에는 케인스를 런던으로 소환했다. 미국으로부터 차관, 전시 국채 발행 등이 모두 케인스의 두뇌에서 나온 것들이었다. 군인이 총을 들고 전쟁할 때, 케인스는 주판을 튕기며 전장 한가운데 섰다. 그 공로를 인정받아 1917년 바스 훈장을 받았고, 영국 정부가 가장 신뢰하는 경제학자가 되었다.

그러나 전쟁의 끝은 평화가 아니었다. 제1차 세계 대전은 기어

케인스가 대학 졸업 후
처음으로 일한
영 연방 인도사무소.

이 새로운 전쟁의 씨앗을 뿌리고 있었다. 승전국인 협상국(영국·러시아·프랑스·일본 등)이 프랑스 베르사유에 모였다. 패전국 독일에 막대한 배상금을 요구하기 위해서였다. 그들은 독일이 언제나 전쟁을 꿈꿔왔기 때문에 이참에 싹을 잘라야 한다고 생각했다. 특히 1870년 보불 전쟁으로 독일에 의해 수도 파리를 점령당했던 프랑스가 극단적 분위기를 주도했다.

프랑스 총리 조르주 클레망소Georges Clemenceau는 협상국 리더들에게 강조한다. 독일의 전쟁 배상금은 민간인 피해뿐만 아니라 협상국 군대 손실금을 아울러야 한다고. 영국 총리 데이비드 로이드

1919년 6월 28일 프랑스 베르사유 궁전 거울의 방에서 체결된 '베르사유 조약'. 윌리엄 오펜 작품.

조지David Lloyd George도 크게 반대하지 않았다. 독일의 배상 확정금은 330억 달러였는데, 이는 케인스가 말한 15억 달러에 비해 20배 이상 높은 숫자였다. 독일이 수십 년간의 국가 예산을 모두 쏟아부어도 갚을 수 없는 금액이었다. 사실상 정치적 보복에 가까웠던 '베르사유 조약'이다.

영국의 경제 관료 모두가 베르사유 조약에 침묵을 지켰다. 한 사람만 빼고. '괴짜 천재' 케인스는 베르사유 조약이 몰고 올 파괴의 그림자를 먼저 포착했다.

"독일을 한 세대 동안 노예로 만들고, 수백만 명의 삶을 저하시키고, 온 국민의 행복을 박탈하는 정책을 우리는 혐오해야 합니다."

그의 경제학은 오직 숫자와 논리로만 이뤄져 있지 않았다. 숫자 너머에 있는 인간의 눈을 마주할 힘이 있기에, 막대한 배상금으로 인한 독일 국민의 비참함을 먼저 보았다. 케인스는 결국 배상금을 밀어붙인 조국에 실망해 영국 재무부를 떠났다. 학자로서

왼쪽부터 영국총리 데이비드 로이드 조지, 이탈리아 수상 비토리오 올란도, 프랑스 총리 조르주 클레망소, 미국 대통령 우드로 윌슨.

케인스는 더 자유롭게 베르사유 조약을 비판하는 책을 펴냈다. 명저 《평화의 경제적 결과》였다.

대공황을 극복하게 만든 케인스주의

그의 냉철한 비판은 현실이 되었다. 독일 정부는 배상금을 갚느라 돈을 찍어낼 수밖에 없었다. 24시간 가동되는 지폐공장은 전 국민을 가난하게 만들었다. 실물 생산에 기반하지 않는 지폐 공급은 엄청난 물가 상승을 부르기 때문이다. 빵 하나를 사기 위해 수레로 지폐를 나르는 비참한 현실 속에, 시민의 불안을 먹고 성장한 정치인이 등장한다. 바로 아돌프 히틀러였다. 베르사유 조약 폐기를 주장하는 그는 독일 시민들의 전폭적인 지지를 얻었다. 자식이 굶는 모습을 봐야만 했던 부모들, 노부모를 몰래 내버렸던 자식들, 직장을 얻지 못하고 도시를 떠돌아야 했던 시민들이었다.

막대한 배상으로 경제가 무너진 도시에서 고단한 삶을 이어가던 평범한 이들의 사무친 원한을 먹고 괴물이 탄생했다. 케인스가 예견했던 그 모습 그대로였다. 독일이 벌인 제2차 세계 대전으로 총 5,000만 명이 사망했다. 케인스의 경고를 받아들였다면, 소중한 삶은 계속되었을지도 모를 일이다.

영국 재무부를 떠난 뒤에 케인스의 이름은 잊혔다. 그 사이에 그는 발레리나 출신의 러시아 여성 리비아 로포코바Lydia Lopokova와 결혼해 안정적인 생활을 하고 있었다. 그가 다시 소환된 건 1930년대였다. 미국을 시작으로 세계적 공황이 찾아왔기 때문이다. 기업이 무너지고 실업이 급증하는 악순환 속에서 영국 재무부는 그의 지성을 간절히 원했다.

케인스는 다시 한번 기존의 관념을 뛰어넘었다. 대규모 공공사업으로 시민을 직접 고용해 그들에게 돈을 쥐여주는 방식의 적극적인 재정 정책을 주문했다. 구매력을 갖춘 시민이 있어야 소비가 이루어지고 다시 기업이 산다는 명쾌한 해석이었다. 고용-소비-투자의 선순환 구조를 위해서라도 정부가 고용의 첫 마중물 역할을 해야 한다는 의미였다. 당시만 해도 경제학 교과서에서 찾아볼 수 없던 완전히 새로운 내용이었다. "시장이 장기적 균형을 맞출 것"이라고 반박하는 경제학자들에게 그는 이렇게 응수했다.

"장기적으로는 우리 모두 죽는다In the long run we are all dead."

장기 균형을 기다리는 사이 시민들의 삶은 회복 불가능할 정도로 파괴될 것이라는 비판이었다.

대공황 시기 마피아 알 카포네가 연 구호식당 밖에 줄 선 시민들.

거인의 죽음, 그가 남긴 유산

1936년 그가 발표한 《고용, 이자 그리고 화폐의 일반이론》은 전 세계 지도자들이 읽어야 할 필독서가 되었다. '케인스 혁명'이었다. 미국 대통령 프랭클린 D. 루스벨트가 추진한 대규모 공공 프로젝트 '뉴딜'의 이론적 근거 역시 케인스로부터 나왔다.

1945년 8월, 제2차 세계 대전이 끝났지만 할 일은 여전히 많았다. 케인스는 세계 대전의 악몽이 다시 벌어지지 않게끔, 전후 경제 체제를 구상한다. 경제의 불균형이 폭력으로 이어지지 않도록 중재기관을 제안한 것도 케인스였다. 그 결과 국제통화기금The International Monetary Fund, IMF과 세계은행World Bank이 설립되었다.

"나의 유일한 후회는, 더 많은 샴페인을 마시지 못한 것이네." 미국과 유럽을 수시로 오가는 삶으로 인해 과로가 겹친 탓인지, 그의 건강은 나빠지고 있었다. 주변의 걱정에 그는 "샴페인이나 좀 더 마실걸"이라면서 유머를 잃지 않았다.

1946년 4월 21일 위대한 경제학자가 눈을 감았다. 영국 웨스트민스터 사원에서 추도식이 치러졌는데 국가 영웅급 장례식이었다. 같은 날 미국 워싱턴의 국립 대성당에서도 영결식이 열렸다. 미국과 영국 양국에서 존경받는 몇 안 되는 학자가 바로 케인스였다.

그의 가장 격렬한 비판자였던 오스트리아학파 경제학자 프리드리히 하이에크Friedrich Hayek는 이렇게 평했다.

"그는 내가 알고 있는 가장 위대한 사람이었다. 그가 없었다면 세상은 훨씬 가난했을 것이다."

케인스의 유해는 고향 땅에 묻혔지만, 그의 아이디어는 지금도 전 세계 경제 체제에 고스란히 살아 있다. 1980년대에 불어닥친 자유주의 바람으로 케인스의 이론을 향한 거센 비판이 일었지만, 케

헤리 덱스터 화이트 미국 재무장관과 대화를 나누는 케인스. (오른쪽)

인스주의는 흔들리되 쓰러지지 않았다. 여전히 굳건한 위용을 자랑한다. 그도 그럴 것이 시장이 모든 걸 해결한다는 건 유토피아와 다름없기 때문이다. 모든 국가는 정도의 차이만 있을 뿐, 대부분은 케인스주의라는 토지 위에 경제 정책을 세웠다.

지적으로도 성적으로도 누구보다 자유로웠던 한 남자가 우리에게 남긴 유산이다.

네줄요약

✦ 정부의 적극적 공공 정책으로 경제를 살릴 것을 주문한 경제학자 케인스는 거시경제학의 아버지로 불린다.

✦ 케임브리지 대학교에서는 그 시절을 대표하는 지식인 사교모임 블룸즈버리 클럽 회원이기도 했다.
✦ 지적으로도 자유로웠던 그는 기존 경제학 교과서에 없는 다양한 경제 정책을 주문했고, 베르사유 조약이 히틀러와 같은 악마를 초래할 것이라고 예견하기도 했다.
✦ 세계 경제는 여전히 그의 이론에 기반해 있다.

참고문헌
- 존 메이너드 케인스, 평화의 경제적 결과, 부글북스, 2016년
- 니컬러스 윕숏, 케인스 하이에크-세계 경제와 정치 지형을 바꾼 세기의 대격돌, 부키, 2014년

15 하이에크, 그래도 경제는 자유로워야 한다

시기 ✦ 20세기
키워드 ✦ 오스트리아 학파, 계획경제, 자유시장, 스태그플레이션, 레이거노믹스, 대처리즘, 신자유주의
지역 ✦ 오스트리아, 독일
인물 ✦ 프리드리히 하이에크, 루트비히 폰 미제스

1년 만에 돌아온 고향 땅에서 청년이 본 것은 처참한 도시의 모습이었다. 전쟁의 상흔도 상흔이지만, 사람들을 더욱더 비참하게 만든 건 무너져버린 삶의 기반이었다. 일자리가 없어 전전하는 가장, 배급에 길게 줄 선 시민, 자식을 굶기지 않으려고 몸이라도 팔아야 했던 엄마들…. 물건으로 가득했던 화려한 상점은 텅텅 비었다. 생필품 하나라도 구하려고 모여든 사람들은 가방 한가득 돈을 꾸깃꾸깃 담아 왔다. 엄청난 인플레이션 때문이었다. 전쟁 배상금을 지불하기 위해 정부가 돈을 찍어내면서 벌어진 일이었다.

한평생 성실히 저축하며 살아온 사람들은 망연자실했다. 자식들의 미래라고, 내 삶의 전부라고 생각한 통장의 숫자들은 이제 아무 의미도 없었다. 엄청난 돈으로도 빵 한 덩어리 사기가 어려운 현실이었다. 도시는 고장 난 나침반처럼, 삶의 방향을 잃어버린 사람들로 가득했다.

청년은 상념에 잠겼다. 세계를 움직인 정치인들의 허망한 욕망이 없었다면 자신의 도시가 얼마나 평화로웠을지를, 또 얼마나 번영했을지를…. 청년은 정치보다 시장이 우선하는 사회를 그리기 시작했다. 프리드리히 하이에크였다. 거물 경제학자 케인스의 영원한 맞수이자 자유주의 경제의 대부다.

케인스가 시장 만능주의 비판의 선구자였다면, 하이에크는 정부 만능주의의 날카로운 저격수였다. 오늘날 3조 2,000억 달러에 달하는 암호화폐 시장도 그의 이론이 기반이 되었다.

제국의 수도에서, 허름한 도시로

1899년의 오스트리아 빈은 단순한 도시가 아니었다. 오스트리아-헝가리 제국의 '본부'였기 때문이다. 빈에서 만들어지는 의사 결정은 제국 곳곳으로 퍼져나가, 수많은 사람의 삶을 결정지었다. 오스트리아 빈의 시민으로 산다는 것은 제국의 1등 신민이라는 뜻이나 다름없었다. 의사 아우구스트 폰 하이에크August von Hayek는 도시에 대한 자부심이 대단한 인물이었다. 황제의 결정을 지지하고, 제국의 미래를 의심하지 않았던 애국 시민인 그는 아들 프리드리히 하이에크에게도 자신과 같은 국가관을 심어주었다. 1917년 제1차 세계 대전이 한창인 와중에 프리드리히가 군에 입대한 계기였다. 그의 나이 고작 18살이었다.

입대하고 1년이 갓 지났을 무렵인 1918년 11월 11일에 휴전 협정이 맺어졌다. 오스트리아-헝가리 제국은 패배의 쓴맛을 봤다. 생제르맹 조약으로 인해 제국이 해체되고 영토가 8분의 1로 줄었

화가 빌헬름 가우스가 그린 시청에서 열린 무도회. 1904년 작품.

다. 몸통을 잃고 머리만 남은 시신처럼 오스트리아는 황량함 그 자체였다. 잃어버린 건 제국의 자존심뿐만이 아니었다. 시민들의 삶마저 하나하나 파괴되고 있었기 때문이다. 제1차 세계 대전의 패전국 중 하나인 오스트리아-헝가리 제국이 맞이한 결과도 앞서 살펴본 독일과 다르지 않았다. 가혹한 배상금을 마련하기 위해 조폐국이 밤낮으로 돈을 찍어낸 탓에 물가가 폭등했다. 지폐는 그저 종이에 불과했다. 바꿔 말하면, 시민들이 일궈놓았던 삶의 토대가 무너졌다는 의미다.

젊은 군인 하이에크가 고향 땅에 돌아와서 본 것은 구걸하는 시민들과 어린이였다. 빵이 귀해진 도시는 퀭한 얼굴의 시민으로 가득했다. 오스트리아 제국 시절에는 결코 볼 수 없던 풍경이었다. 유럽 문화의 정수였던 빈의 모습은 온데간데없고 전기가 사라진 도시는 어둠 그 자체였다.

혼돈의 빈을 보며, 하이에크는 무슨 일이 일어나고 있는지 이해하려고 했다. 그때 집어 든 책이 케인스의 《평화의 경제적 결과》였다. 케인스가 책에 쓴 내용은 다음과 같았다.

'오스트리아 사람들은 가진 게 아무것도 없다. 그곳에서는 기아와 추위, 질병, 전쟁, 살인과 혼돈의 무질서가 일어나고 있다.'

청년 하이에크는 그때부터 경제학을 공부하기로 결심한다. 이때까지만 해도 몰랐을 것이다. 경제학의 거물 케인스가 평생의 숙적이 될 줄은.

자유주의 대가 미제스를 만난 하이에크

"전쟁은 인간의 오류가 만든 끔찍한 결과물이지. 인간의 이성은 언제나 부정확하고 변덕스러워."

전쟁에 대한 기억은 그의 학문에 깊은 영향을 미쳤다. 인간이 만든 오만과 욕망이 시민들을 전쟁의 수렁에 밀어 넣었다는 생각에서였다. 오스트리아 정부의 전쟁 채무를 관리하는 업무를 담당하게 되었을 때 그는 인생의 스승을 만난다. 오스트리아의 경제학자 루트비히 폰 미제스Ludwig von Mises였다.

그의 지론은 명확했다. "국가의 경제적 문제를 해결할 수 있는 건 정부가 아니라 시장이다." 하이에크는 미제스에게 완전히 빠져든다. 제1차 세계 대전 이후부터 그가 꾸준히 품어온 의문을 미제스가 해결했기 때문이다. 몇 년 후 그는 미제스의 수제자가 되었다. 1927년에는 미제스와 함께 오스트리아 경기순환연구소를 설립했다.

하이에크는 정부와 중앙은행의 인위적인 개입이 경제 상황을 악화시킨다는 걸 논리와 실증으로 입증하면서 오스트리아 경제학계에서 두각을 드러낸다. 그의 명성은 오스트리아를 벗어나 영국까지 닿았다.

"런던으로 와주십시오."

1931년 하이에크는 영국 런던정치경제대학교London School of Economics and Political Science, LSE로부터 초청장을 받았다. 시장자유주의에 대한 그의 이론에 깊이 매료된 경제학자 라이어널 로빈스Lionel Robbins가 하이에크를 교수로 초빙한 것이었다. 그가 런던에 도착했을 때, 세계 경제학자들은 격론을 펼치고 있었다. 1929년부터 불거진 세계 경제 대공황을 두고서였다. '황금의 20년대'가 가고 어두운 그림자가 드리웠다.

초강대국 미국의 주식시장에서 주식 가치의 90퍼센트가 날아간 대폭락이 일어났다. 거대 기업이 도산하고, 실업자는 급증하는 암울한 현실이 닥쳤다. 케인스가 정부의 적극적인 재정 정책을 주문한 것도 이때부터였다. 대규모 공공사업으로 시민을 직접 고용해 그들에게 돈을 쥐여주라는 제언이었다.

거물 경제학자 케인스의 이론이 주목받기 시작할 때, 반기를 든 젊은 학자가 바로 하이에크였다. 1931년 발표한 《가격과 생산》에서 그는 케인스의 이론을 정면으로 반박했다. 하이에크는 세계적 대공황의 원인부터 다르게 진단한다. 각국의 은행이 금리를 내리면서 자원이 왜곡됐기 때문이라고 본 것이다. 돈을 빌리는 비용

1930년대 대공황 당시 미국의 모습.

이 낮아진 탓에 돈이 흥청망청 쓰였다는 비판과 함께 경기 침체가 중앙은행의 인위적 개입이 불러온 부작용을 치료하는 과정이라는 게 하이에크의 생각이었다.

"강제적인 신용 팽창(정부의 인위적 부양 정책)으로 불황을 해결하려는 건 악을 유발한 바로 그 수단으로 악을 해결하겠다는 것입니다."

정부의 강력한 개입을 주장하는 케인스와 정반대의 해결책이었다. 케인스는 하이에크의 저작을 읽고 간단한 평을 남긴다. "내가 읽은 것 중 가장 끔찍한 혼란 중 하나. 허튼소리를 왕창 뒤섞어 놓은 글."

케인스에 밀린 하이에크, 그러나 끝은 아니었다

"케인스가 세계를 구했다."

세계의 모든 경제 정책이 케인스의 바람대로 흘러갔다. 위기에 빠진 경제를 구하기 위해 미국 정부가 대규모 부양책 뉴딜을 도입한 것이다. 도로나 댐과 같은 대규모 건설을 정부가 주도하고 시민에게 일자리를 주는 방법이었다. 돈이 생긴 시민이 다시 구매를 시작하고, 기업은 시민이 구매할 물건을 생산하기 위해 공장을 가동했다. 1936년 미국의 전체 생산은 대공황 이전인 1929년 수준을 회복했다. 케인스 혁명이었다.

하이에크는 케인스에게 완전히 밀렸다. 위기를 그대로 두라는 하이에크의 해결 방식에 사람들이 주목할 리 없었다. 세계의 모든 시선이 케인스에게로 향한다. 하이에크는 침묵했지만, 사상의 펜 끝은 더욱 날카로워지고 있었다. 1939년 제2차 세계 대전이 벌어지면서 그는 국가 권력에 깊은 회의감을 갖기 시작했다. 정부가 주도하는 계획경제가 불러온 폭력을 다시 한번 목도했기 때문이다.

히틀러가 런던을 폭격하면서 하이에크는 케인스가 강의하는 케임브리지로 피난하기도 했다. 세계적 경제학자인 두 사람이 케임브리지 킹스칼리지 예배당에서 함께 보초를 서는 생소한 풍경도 연출되었다(실제로 두 사람은 이론적으로 대립했지만 사적으로는 서로를 격려하고 응원할 정도로 절친한 사이였다. 하이에크는 이렇게 적었다. "우리가 만날 때 보통 경제학 이야기는 하지 않았다. 사적으로 우리는 매우 좋은 친구였다").

1944년 3월, 영국의 출판계가 들썩인다. 하이에크의 새로운 저작 《노예의 길》이 출판되면서다. 자유시장을 옹호하고, 계획경제가 어떻게 민주주의를 짓밟는지를 보여주는 이 책은 하이에크가 두 번의 세계 대전 참상 속에서 일궈낸 통찰이었다.

"경제를 계획하는 사람은 결국 모든 문제에 간섭할 때까지 그 통제력을 확장할 것이다."

경제적 자유를 권력에 양도할 경우, 결국 정치적 자유도 양도하게 된다는 경고였다. 하이에크에게 인간이 경제 법칙에 인위적으로 개입하는 건 치명적 자만이자 모든 인간을 노예로 만드는 길이었다. 극우 히틀러와 극좌 스탈린Iosif Stalin이 증명한 현실을 그는 잘 알고 있었다. 더 나은 세상을 만들겠다고 했던 저 위정자들이 만든 끔찍한 결과물을. 정치가 만든 지옥에서 살아가는 사람들의 비루한 삶을. 경제 위에 국가를 두는 모든 체제를 향한 비판이기도 했다.

그의 경제학은 모든 국가 권력으로부터 탈주를 목표하는 자유라는 이름의 비행선이었다. 흔히 하이에크를 부자만을 위한 경제학자라고 표현하기도 하지만, 사실 그는 누구보다도 가난한 사람

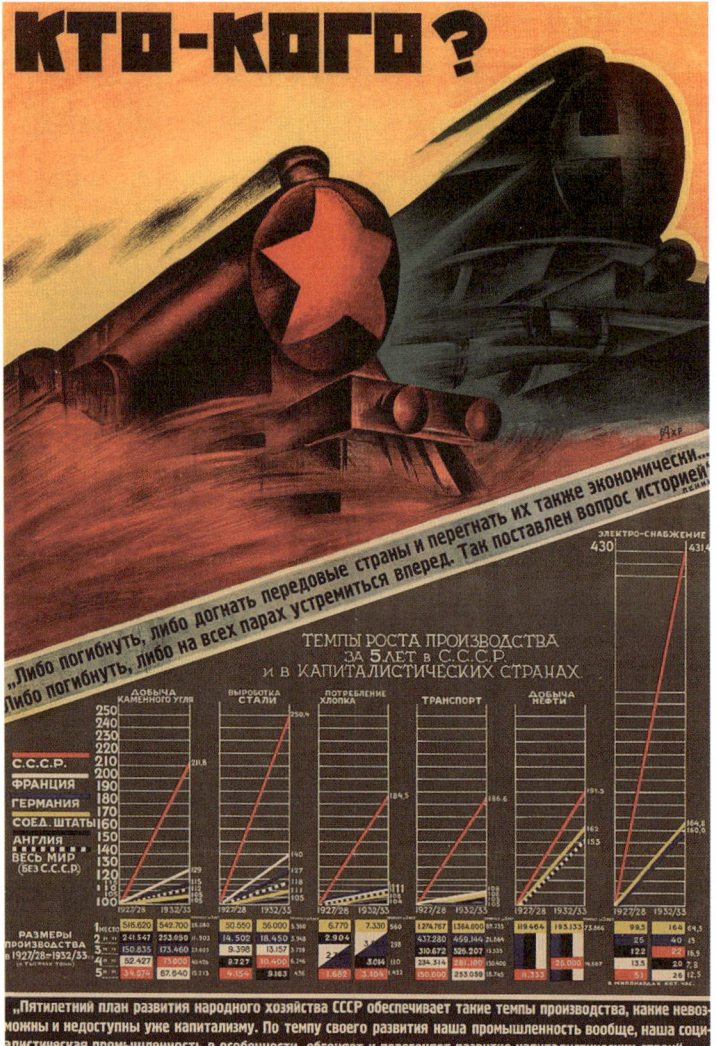

'누가 이길 것인가?'
국가 사회주의의 경제적 우월성을 찬양하는 1929년 소련의 선전 포스터

을 위해서 자유시장의 중요성을 외친 지성이었다.

시장의 자정 능력을 믿는 사람들

"작은 정부, 큰 시장을 만들겠습니다."

케인스주의가 세계 경제 체제를 지배한 지 40년이 흘렀을 무렵, 1973년 전 세계 경제가 흔들린다. 중동의 정세 불안, 베트남전으로 인한 대규모 적자, 철강 산업의 치열한 경쟁이 맞물리면서 미국이 지독한 독감에 걸렸다. 그러자 세계는 폐렴을 앓았다. 물가는 상승하는데, 실업률은 폭등한다. 스태그플레이션이었다. 물가가 상승하면 실업률은 하락한다는 기존 경제학 이론과 배치되는 현실에 부딪히면서 케인스의 이론이 다시 수세에 몰렸다.

세계를 주도하는 미국과 영국의 지도자, 로널드 레이건Ronald Reagan과 마거릿 대처Margaret Thatcher는 케인스의 이론을 폐기하고 오랫동안 구석에 밀려나 있던 하이에크의 이론을 전면에 내세웠다. '레이거노믹스'와 '대처리즘'이다.

두 사람의 정책은 단순했다. 경제 위기는 정부의 과도한 경제 개입에 따른 부작용이므로 옥죄어 있던 시장에 더 큰 자유를 주자는 것이다. 하이에크가 오랜 세월 주장하던 것이었고, 후대 학자들이 '신자유주의'라고 부르는 정책이었다.

감세, 규제 완화, 정부 지출 축소가 레이거노믹스와 대처리즘의 핵심이었다. 특히 대처는 하이에크의 책을 들고 이렇게 외쳤다. "하이에크는 파멸과 재앙의 예언자가 아니라 평화와 풍요의 예언자입니다. 이것이 우리가 믿는 것입니다." 노동조합의 강력한 반발에도 불구하고 두 지도자는 결코 포기를 몰랐다.

두 사람이 밀어붙인 정책으로 세계 경제는 시나브로 나아지기 시작했다. 공공기관의 비효율성이 개선되었고, 물가도 어느 정도 안정기에 접어들었다. 하이에크는 1974년 노벨경제학상을 수상하면서 세계적인 거물 경제학자로 자리했다.

하이에크의 사상은 케인스주의와 함께 경제사의 거대한 기둥을 이룬다. "정부가 해결하라"는 목소리가 커질 때마다, 정부와 공공기관이 비대해질 때마다, 그의 철학은 언제나 우리에게 경고장을 내민다.

2009년 국가와 정치가 개입하지 않은 화폐를 만들겠다는 어떤 이들의 꿈은 암호화폐 시장을 꽃피웠고 어느덧 3조 달러가 넘는 거대 시장을 만들었다. 하이에크가 국가로부터 간섭받지 않는 민간 화폐를 꿈꾼 덕분이다. 파괴된 고향 땅에 선 젊은 청년 군인의 상념이 만든 위대한 결과물이다.

권력으로부터 탈주하려는 인간의 자유 본능은 앞으로도 영원할 것이다. 그 탈출 선에는 하이에크라는 이름이 선명하게 새겨져 있다. 비대한 국가 권력 앞에서 우리는 언제나 하이에크의 이름을 떠올릴 것이다.

1981년 82세의 하이에크(오른쪽).

네줄요약

✦ 하이에크는 제1차 세계 대전 후 극심한 물가 상승과 물자 부족으로 고통받는 도시를 목격했다. 전쟁의 고통은 그가 정치와 인간 행동을 신뢰하지 않는 배경이 됐다.
✦ 오스트리아 학자 미제스를 사사한 그는 자유시장 원칙이 경제의 근본 해결책이라고 봤다.
✦ 1970년대 세계 경제 위기 때 미국의 레이건과 영국의 대처는 하이에크의 처방전을 활용했다.
✦ 하이에크는 방만한 정부의 고삐를 부여잡는 사상이었다. 정치에 중독된 우리 사회가 가장 기억해야 할 이름일지도 모른다.

참고문헌
- 니컬러스 웝숏, 케인스 하이에크-세계 경제와 정치 지형을 바꾼 세기의 대격돌, 부키, 2014년
- 프리드리히 하이에크, 노예의 길, 나남, 2006년

16 직장인의 적 소득세를
처음 만든 국민 영웅

시기 ✦ 19세기
키워드 ✦ 소득세
지역 ✦ 영국
인물 ✦ 윌리엄 피트

"세금은 우리가 잘한 것에 대한 벌금이다A tax is a fine for doing well."
미국 소설가 마크 트웨인Mark Twain의 '명언(?)'이다. 이 땅의 근로자라면 한 달에 한 번 월급날이 오면 이 격언을 떠올리며 누구나 반국가적인 생각을 갖게 된다. 평소에는 보이지 않는 것 같은 정부가 소득세 하나만큼은 기가 막히게 빼가는 탓이다. 유리 지갑 월급쟁이들의 마음속에는 작지만 옹골찬 분노가 들끓는다. "이렇게나 많이 떼가다니, 나라가 나에게 해준 게 뭐가 있다고!"

이 시대 직장인들의 소분小忿·작은 분한 마음과는 달리, 소득세의 시작은 열정적 애국심으로 가득 차 있었다. 국가를 위해 너도나도 내겠다고 나섰기 때문이다. 국민적 염원이 소득세라는 이름으로 나라를 떠받친 것이었다. 이 자금은 결국 한 나라를 위기로부터

영국의 과세에 저항하면서 일어난 미국인의 보스턴 티파티 사건.

구해내는 역할을 톡톡히 했다.

나폴레옹 전쟁을 승리로 이끌며 유럽을 위기에서 구해낸 19세기 초 영국의 이야기다. 그리고 그 주인공은 영국 총리이자 재무장관이었던 윌리엄 피트William Pitt였다. 국왕 조지 3세George III는 정신병으로 미쳐 있었고, 아들이자 섭정인 조지 4세George IV세는 향락에 빠져 있던 상황이었다. 최고 지도자들의 형편없는 통치 속에서, 결혼도 뒤로 미룬 채 국가의 명운을 바로잡은 인물이기도 하다.

모두가 우려한 20대 총리

윌리엄 피트는 유력 정치 가문의 아들이었다. 동명의 아버지 대大 윌리엄 피트 역시 영국의 총리를 지냈다. 왕의 개인적 이익보다는 언제나 국가의 이익을 위했던 인물. 그래서 왕 앞에서 항상 당당했던 그는 평민 출신이면서 출세를 위해서 권력에 아부하지 않았다. 아버지 윌리엄 피트를 영국인들은 이렇게 불렀다. "위대한 평민The Great Commoner." (후에 채텀 백작 작위를 받으면서 무색해진 별명이기도 하다.)

피트는 아버지의 정치적 결단력과 배포를 그대로 이어받았다. 날 때부터 총명함을 타고나 케임브리지 펨브로크 대학에서 공부하며 라틴어·그리스어·수학·철학·역사에서 재능을 보였다. 그러나 그의 진짜 재능은 다른 곳에 있었다. 사람의 마음을 얻는 것이었다. 윌리엄 피트의 주변은 사람으로 넘쳐났다.

정치는 언제나 사람의 마음을 훔치는 일이었고, 윌리엄 피트는 여기에 탁월했다. 순발력을 겸비한 재치, 지식으로 무장한 화술이 사람들을 끌어당겼다. 후에 정치인이자 노예무역 폐지를 이끈 그의 동지 윌리엄 윌버포스William Wilberforce는 이렇게 평가했다. "(윌리엄 피트의)익살스러운 재치는 누구든 즐겁게 하면서도 아무도 다치게 하지 않았다." 피트도 이를 잘 알고 있었다. 그 역시 아버지처럼 조국의 발전에 이바지하는 정치인을 꿈꿨다. 1781년 1월 그가 마침내 하원에 입성했다. 첫 의회 연설에서 어찌나 달변을 토했는지, 내로라하는 정치인조차 윌리엄 피트라는 이름을 인지했다. 그의 나이 고작 22살 때의 일이다. 정치에 입문한 지 2년 만에 재무장관에 이어 총리까지 달았다. 국왕 조지 3세가 제임스 폭스James Fox-프레더릭 노스Frederick North 연합 정부를 해산한 뒤였다. 폭스와 노스가 왕권을 제약하고 의회 권력을 더욱 확장하려 하자 조

20대의 윌리엄 피트. 그는 총리가 되어 영국의 재정을 탁월하게 관리했다.

지 3세가 먼저 정치적 승부수를 던진 것이다. 국왕이 그들의 후임으로 내세운 건 고작 24세의 윌리엄 피트였다.

설익은 정치 신인을 허수아비로 세우고 국왕의 권력을 확장할 속셈이었다. 1784년 역대 최연소 총리 윌리엄 피트 체제가 출범한다. 시민사회의 조롱도 극에 달했다. 풍자극 〈롤리어드 The Rolliad〉는 이렇게 비꼬았다. "브리타니아(고대 로마 시절의 영국을 일컫던 말)는 한 학생의 보살핌에 맡겨진 왕국이다."

우려가 이해되지 않는 바는 아니었다. 녹록지 않은 환경이 그 앞에 놓여 있었다. 미국 독립 전쟁으로 영국은 아메리카 식민지를 완전히 잃을 위기에 처했다. 오랜 전쟁 탓에 국가 부채는 거대한 산처럼 쌓여 있었다. 피트가 재임할 당시 국가 부채는 2억 4,300만 파운드. 전쟁 전과 비교해 2배나 늘어난 수치였다. 국가 예산 3분의 1 수준인 800만 파운드가 이자를 갚는 데 사용되고 있었다. 이런 위기 상황에 국가 지도자가 20대 청년이라니…

미국 독립 전쟁 중 요크타운 포위전을 묘사한 그림.

세금의 속성을 잘 알았던 영국의 총리

재무 전문가로서 피트가 조세제도 개편부터 나선 이유도 여기에 있었다. 다양한 세목을 만들고, 차·와인·주류와 같은 관세는 낮췄다. 관세가 높을수록 밀수가 늘어나는 걸 잘 알기 때문이었다. 오히려 무역 관련 세금을 낮춤으로써 상인들이 정직하게 돈을 내는 시스템을 구축했다.

이 정책이 효과를 발휘해 피트가 취임한 뒤 관세 수입이 오히려 200만 파운드가 증가했다. 마침 미국과의 전쟁도 끝나면서 신대륙과 영국 사이에 무역이 다시 활발해지기도 했다. 살림꾼 피트의 체제 아래서 빚은 빠른 속도로 줄어들고 있었다. 1793년에는 빚이 1억 7,000만 파운드로 감소했다. 10년 만에 빚을 30퍼센트나 줄인 것이다.

미국을 잃었지만 피트의 리더십으로 영국은 다시 세계로 뻗어 나가고 있었다. 캐나다·호주와 같은 제2의 식민지를 건설하면서였다. 식물학자 조지프 뱅크스Joseph Banks가 호주를, 조지 밴쿠버 George Vancouver가 이끄는 해군 원정대가 캐나다에서 영토를 확보하고 있었다. 영국은 식민지의 피와 땀을 먹으면서 제국으로 자라났다.

18세기의 세계는 혼돈의 도가니였다. 프랑스에서 대혁명이 터지면서 루이 16세Louis XVI가 단두대에서 목이 잘렸다. 평민들이 군주의 목을 잘라버린 대변혁 뒤에 '사람 위에 사람 없다'는 이념이 나라를 새로 세웠다. 프랑스 공화국이었다.

유럽의 모든 왕조는 긴장할 수밖에 없었다. 혁명의 파고가 자신들의 궁전을 휩쓸지도 모른다는 생각 때문이었다. 오스트리아·프로이센·러시아가 군사를 집결해 프랑스로 향하고 있었다. 프랑스 혁명 전쟁의 서막이었다.

절체절명의 위기 상황에서 나라의 중심이 되어야 할 조지 3세는 심각한 정신병을 앓고 있었다. 아무도 이해할 수 없는 말을 수시간 동안 뱉어대더니 기절해버렸다. 제국을 통치하기는커녕 제 몸 하나 건사하기도 쉽지 않은 상태였다.

섭정 후보자로 물망에 오른 왕세자인 아들 조지 4세 역시 술과 여자에 빠진 혼군에 가까웠다. 엎친 데 덮친 격으로 프랑스 혁명군이 1793년 영국에 선전포고를 단행한다. '경제적·재정적 안정'을 우선하던 피트에게도 더 이상의 선택권은 없었다. 영국은 전쟁의 소용돌이에 휘말리고 있었다.

윌리엄 피트는 채찍을 든 지도자이기도 했다. 프랑스 혁명 정신에 감화된 문필가들을 억압했던 탓이다. 정치 이론가 토머스 페인Thomas Paine이 《인권》을 발간하자 그를 재판에 넘긴 것도 윌리엄 피트 정부였다. 페인의 저서는 '정부가 국민의 자연권을 보호하지

의회에서 프랑스와의 전쟁에 관해 발표하는 윌리엄 피트.

않을 때, 대중적 정치 혁명이 허용된다'는 내용이 담긴 프랑스 혁명의 정신을 옹호하는 저작이었다. 현재의 관점에서는 피트의 대응이 폭력과 억압 행위로 비치지만, 국가 질서를 바로잡기 위해서 당시 그가 선택할 수 있는 방법이 많지는 않았다.

선동을 억압하는 법률의 잇따른 제정도 그의 주도로 이뤄졌다. 제인 오스틴Jane Austen의 소설 《노생거 사원》에는 곳곳에 배치된 정부 끄나풀들이 어떻게 시민의 급진주의적 생각을 억압하는지 묘사되어 있다. 윌리엄 피트가 통치하는 영국에서 벌어진 풍경이었다. 자유를 억압하는 지도자였지만, 적어도 그에게는 불가피한 시대적 배경이 있었다. 역사학자들 사이에서도 윌리엄 피트의 시대를 두고 '공포 통치'와 '대중적 보수주의 운동'으로 해석이 갈린다.

억압적 통치에도 그의 대중적 인기는 하늘 높은 줄 모르고 치솟았다. 윌리엄 피트만이 국가를 안정화할 인물이라는 걸 대중도 알고 있었기 때문이다.

애국심에서 시작된 소득세

전쟁은 가장 값비싼 정치 행위다. 프랑스와의 전쟁이 장기화되면서 미국 독립 전쟁 이후 안정화되던 재정 상황도 악화할 수밖에 없었다. 유력 금융 가문에서 돈을 조달하고(이때 영국 정부에 돈을 댄 가문이 그 유명한 로스차일드Rothschild였다) 세목을 늘리고 세금을 인상했지만 한계는 분명했다.

이때 재정 전문가 윌리엄 피트가 번쩍이는 아이디어를 냈다. '소득세'의 도입이었다. 영국에 사는 시민들과 거주민 모두에 부과

이탈리아 베니스 인근 리볼리 전투에서 나폴레옹.

하는 세금이었다. 연 소득 60파운드 이상 되는 모든 이들을 대상으로 하는 큰 그물과도 같았다.

"시민 여러분, 조국을 위해 세금을 내주십시오."

우려도 적지 않았다. 영국인들이 누군가? 비상식적인 납세를 요구하는 존 왕에게 맞서 시민의 자유를 보장하는 '마그나 카르타'까지 쟁취한 이들이다. 피트 정부가 대국민적 반발을 우려했지만, 영국인의 애국심은 생각보다 숭고했다. 소득세의 필요성을 인정하고 모두가 자발적으로 냈기 때문이다. 광장에는 애국의 물결과 함께 소득세를 내려는 시민들이 넘쳐났다. 1799년 처음 소득세가 도입된 후 몇 년이 지나자 납세자 수는 3배 이상 늘어났다. 나폴레옹이 유럽을 정복하고 영국과의 일전을 앞둔 때였다.

소득세를 기반으로 영국 해군은 1만 5,000명(1793년)에서 13만

3,000명(1801년)으로 늘어났다. 산업혁명으로 탄탄한 기반을 갖춘 영국의 민간 기업들도 국가를 위해 헌신했다. 프랑스는 강한 군대를 갖추고 있었지만, 영국은 그보다 더 강력한 시민이 있었다. 튼튼한 조세 시스템 역시 대영 제국을 지키는 강력한 대포였다. 나폴레옹이 경제적 제재인 '대륙봉쇄령'으로도 영국을 무너뜨리지 못한 배경이다.

1805년 제독 허레이쇼 넬슨Horatio Nelson이 트라팔가르 해전에서 나폴레옹 군대에 패배를 안겼다. 넬슨의 목숨과 바꾼 승리였다. 이듬해 또 다른 거인이 눈을 감았다. 총리 윌리엄 피트였다. 고작 46세의 나이에 소화성 궤양이 그를 죽음으로 몰았다. 아내도, 아이도 없었다. 그가 마음에 둔 건 오직 조국의 재정과 미래였다.

동시대 귀족 길버트 엘리엇Gilbert Elliot은 이렇게 평했다. "그는 흔들리는 세계를 떠받치는 거인 '아틀라스'였다." 24살 '학생'으로 조롱받던 꼬마 총리는 어느덧 영국을 지킨 거인이 되어 있었.

거인의 죽음으로부터 9년 뒤, 1815년 워털루 전투에서 영국 웰링턴 공작 아서 웰즐리Arthur Wellesley가 이끄는 연합군이 대규모 승리를 거뒀다. 나폴레옹 전쟁의 끝이었다. 영국인들은 이 전쟁을 승리로 이끈 남자의 이름을 기억하고 있었다. 윌리엄 피트였다.

허레이쇼 넬슨, 아서 웰즐리와 같은 걸출한 장군들 뒤에는 주판을 두들기며 씨름한 영웅 윌리엄 피트가 있었다. 영국 의회는 승전을 기념하면서 소득세의 폐지를 공식화했다. 피트를 추모하는 또 다른 방법이었다.

그로부터 약 30년 후 1842년 재정 위기 속에서 영국 의회는 소득세를 재도입한다. 폐지론이 불붙었지만 1853년 크림 전쟁이 일어나면서 소득세는 영구히 안착했다. 소득세만큼 국가 재정을 튼튼히 할 방법이 없다는 걸 깨달았기 때문이다. 그 당시 총리 윌리엄

위대한 총리이자
재무장관 윌리엄 피트.

글래드스턴William Gladstone은 "소득세는 국가 재정의 거대한 엔진"이라고 시민을 설득했다. 영국을 위기에서 구해낸 세금이라는 점을 고려하면 결코 과장된 이야기도 아닐 것이다.

오늘날에도 소득세는 국가를 움직이는 거대한 엔진이다. 우리나라를 비롯한 선진국에서 소득세가 총세수에서 차지하는 비율은 30퍼센트에 달한다. 윌리엄 피트의 유산이 결코 영국만의 것은 아니었던 셈이다.

네줄요약

✦ 18세기 후반 대영 제국은 미국의 독립과 프랑스 혁명 전쟁으로 정치적, 재무적으로 큰 위기를 맞았다.

✦ 이때 혜성처럼 등장한 정치인이 20대 청년 윌리엄 피트였다.

✦ 재무 전문가인 그는 소득세를 처음으로 도입해 영국을 정치적으로 재정적으로 안정화했다.

✦ 나폴레옹 전쟁에서 승리할 수 있었던 배경에는 그가 도입한 '국가 재정의 엔진' 소득세가 있었다.

참고문헌
- 패트릭 칼 오브라이언, 나폴레옹 전쟁에 대항한 영국의 세금제도 1793-1815, 런던정치경제대학교, 2007년
- 마이클 킨·조엘 슬램로드, 세금의 흑역사, 세종서적, 2022년

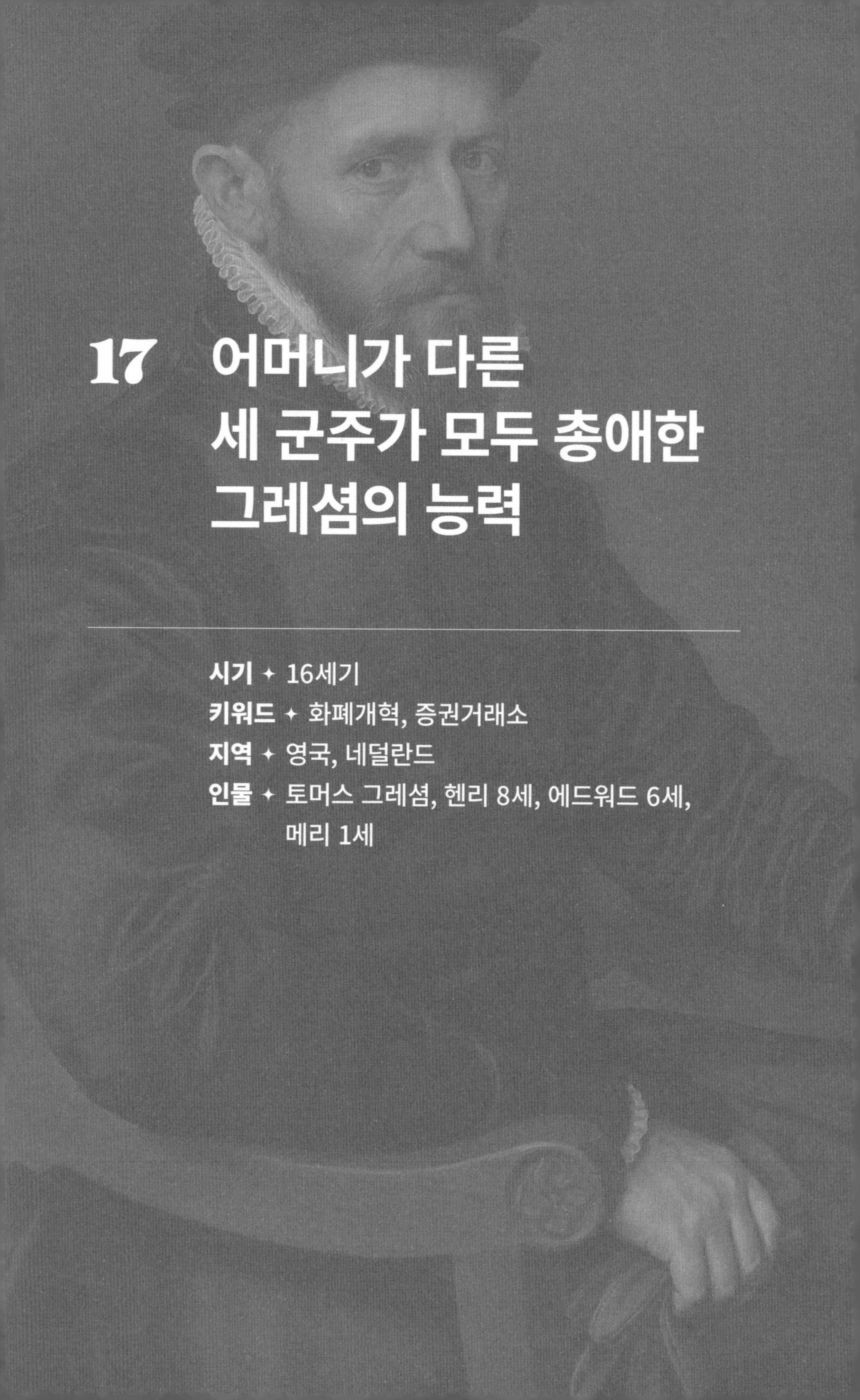

17 어머니가 다른 세 군주가 모두 총애한 그레셤의 능력

시기 ✦ 16세기
키워드 ✦ 화폐개혁, 증권거래소
지역 ✦ 영국, 네덜란드
인물 ✦ 토머스 그레셤, 헨리 8세, 에드워드 6세, 메리 1세

누구나 부러워하는 남편이 있었다. 언제나 가정을 살뜰히 보살피면서 자기 일도 열심이었다. 두 아들에게도 어찌나 자상한지, 사업이 번창하면 가정이 불운하고 집안이 화목하면 살림이 어렵다는 말도 비껴갔다. 돈도 가정도 다 잡은 꿈의 집이었다.

하지만 행복의 유효기간은 짧디짧았다. 남편이 갑자기 떠난 것이다. 아내는 막대한 유산을 상속받았지만, 영혼을 채워주던 사람이 훌쩍 떠나버렸는데 돈이 무슨 소용 있을까. 아내는 그토록 좋아하던 그림도 눈에 들어오지 않고 산해진미도 맛있게 느껴지지 않았다.

슬픔도 세월 속에 풍화하기 마련이다. 사랑하는 남편이 세상을 떠난 지 몇 달, 삶의 의지가 다시 작은 불꽃이 되어 타오르고 있었다. 미망인의 옆을 지켜주고, 위로를 건네던 남자가 있었기 때문이다. 잘생기고 건실한 남자가 어느 날 건넨 꽃다발에 눈물이 터졌다. 그의 청혼을 받아들였다. 하지만 결혼 전에 그녀를 좇던 남자의 눈은 결혼 후부터 자주 장부로 향했다. 새 남편이 사랑했던 건 여자가 아닌 그녀의 재산이었다. 새 신부의 돈을 빼돌린 잔혹한 남자의 이름은 토머스 그레셤. '악화가 양화를 구축(몰아냄)한다'는 그레셤의 법칙의 주인공이다. 동시에 영국을 세계적인 국가로 만든 사람이기도 했다. 사생활에서도, 공인으로서도 계산과 실리에 밝았기에 가능한 일이었다. 잔혹한 성정이 세계 경제를 이끈 동력이라는 역설이 그레셤의 이야기가 전하는 메시지다.

뼛속까지 경제인이었던 그레셤 가문

16세기의 영국 런던에서 '그레셤'이라는 이름을 모르는 사람은 없었다. 당대 최고의 무역업자 집안이었기 때문이다. 시작부터 전설이었다. 수백 년 전 한 마을에서 어떤 여인이 메뚜기가 크게 우는 소리를 듣고 가보니 버려진 아이가 울고 있었다. 이것이 그레셤 가문의 시작이었다. 그레셤이 '메뚜기'를 가문의 상징으로 삼은 이유였다.

그레셤의 메뚜기 소리는 영국 전역에 울렸다. 영국의 섬유를 네덜란드에 수출하고, 그곳의 곡물을 수입해 부를 쌓으면서였다. 영국에서 의류 무역을 담당하는 상인을 머서mercer라고 불렀는데, 그 최고봉에 있던 사람이 바로 리처드와 존 형제였다. 동생 존은 이 부를 기반으로 런던 시장 자리까지 올랐다.

형 리처드가 1519년에 아들을 낳았다. 토머스 그레셤이었다. 토머스는 아버지 리처드와 삼촌 존이 일군 부 속에서 상인 정신을 체득했다. 한 나라의 물건이 다른 나라에서 더 큰 가치를 갖는다는 무역의 원리를 새긴 것이었다. 낮에는 케임브리지 대학교에서 이론을 배우고, 저녁에는 무역 회사에서 실무를 배웠다. 경제란 그의 핏속에 흐르고, 뼈에 각인된 것이었다. 세상 모든 일을 경제적 관점에서 보는 그의 탁월한 능력은 아버지와 삼촌의 눈에도 들었다. 대학을 졸업한 24세부터 그는 본격적으로 패밀리 비즈니스에 뛰어들었다.

영국 런던에서 네덜란드 안트베르펀까지, 그는 글로벌 노마드였다. 당시 안트베르펀은 세계 최고의 무역 도시이자, 금융 기법이 가장 발달한 도시였다. 오늘날 뉴욕에 버금가는 그곳은 토머스 그레셤이 경제인으로 성장하기에 더할 나위 없이 좋은 곳이었다. 그레셤은 세계를 작동시키는 경제 원리를 체득하고 있었다.

그 시절 영국은 엄청난 혼란기였다. 국왕 헨리 8세가 이혼하기 위해 국교를 바꾸고자 했기 때문이다. 1,000년을 믿어온 가톨릭을 억압하고 개신교인 성공회를 새로운 국교로 바꾸면서 헨리 8세는 가톨릭 교육의 산실이던 수도원까지 해체해버렸다.

그레셤 가문은 위기에서 기회를 볼 줄 아는 눈을 가졌다. 폐지된 수도원의 토지를 사들인 것이다. 대혼란의 파고가 잠잠해지면 물밑에 숨어 있던 대어를 낚을 수 있을 거라고 예측했다. 이는 적중해서 종교 분쟁의 혼란이 잦아지자 땅값과 건물값이 크게 뛰었다.

결혼도 비즈니스로 삼은 그레셤

24살이 된 토머스가 안트베르펜과 런던을 왔다 갔다 하며 바쁘게 살고 있을 때, 아버지와 삼촌이 결혼을 권했다. 애가 둘 딸린 과부 앤 퍼넬리Anne Fernele였다. 남 부러울 것 없는 집안에서 훤칠한 아들을 과부에게 장가보내려고 했던 데는 다 이유가 있었다. 앤 퍼넬리의 죽은 남편이 런던에서 알아주는 상인 윌리엄 리드William Read였기 때문이다. 앤에게 상속된 재산이 엄청나다는 의미였다.

윌리엄이 이른 나이에 사망하자 그 미망인과 결혼을 재빠르게 추진한 데는 그녀의 재산을 그레셤 가문의 사업 자금으로 활용한다는 계산이 숨어 있었다. 그레셤 가문에게는 결혼도 비즈니스의 일환이었기 때문이다.

토머스 그레셤은 결혼이 사업이라는 것을 몸소 보여주었다. 앤 퍼넬리와의 사이에 아들이 태어난 뒤부터는 주로 안트베르펜에 거주했다. 앤과 아이를 런던에 남겨놓고 네덜란드에서 생활한 것이다. 그레셤은 정부와의 사이에서 딸 앤 그레셤을 낳았으며, 또 다른 정부가 임신했을 때는 책임을 피하고자 다른 남자에게 시집을 보내버릴 정도로 나쁜 남자였다.

영국은 서서히 침몰하고 있었다. 국왕 헨리 8세가 지나치게 사치스러운 정책을 펼쳤기 때문이다. 궁전을 크게 세우고 전쟁을 마다하지 않았으며, 화려한 파티를 포기하지 않았다. 왕실 재정은 계속해서 줄어들고 있었다.

국가 재정 위기 보고서가 매일같이 올라오는 나날 속에서 헨리 8세는 묘안을 떠올렸다. 화폐를 생산할 때 들어가는 은의 양을

앤 퍼넬리의 초상화.

줄이는 방법이었다. 싸구려 금속을 섞어서 더 많은 은화를 생산해 왕실 빚을 갚자는 획기적인 '제안'(화폐주조차익, 시뇨리지)이었다. 사치스러운 생활을 그만둘 생각이 없어서였다.

'양화良貨·good money' 대신 '악화惡貨·bad money'를 만들자는 왕의 비밀스러운 주문에 아무도 토를 달지 못했다. 파운드화에 담긴 은의 함량이 1년 만에 92.5퍼센트에서 33퍼센트까지 줄어들었다. 꼼수의 유효기간은 길지 않았다. 악화를 만든 대가를 치를 시간이 찾아왔다. 안트베르펜 상인들은 유럽 경제를 주무르는 대가들이었다. 영국 은화 1파운드의 실질 가치가 예전과 같지 않다는 사실을 그들은 눈치채고 있었다. 안트베르펜 상인들이 영국 화폐를 거부하기 시작했다. 영국 화폐 '대타락'이라고 부르는 사건이다.

영국이 얻은 건 잠깐의 푼돈이었지만 잃은 건 신뢰라는 큰 자산이었다. 안트베르펜 상인들은 영국 왕실에 돈을 대주는 전주錢主이기도 했다. 이제 그들은 더 큰 이자를 요구했다. 믿을 수 없는 나라라는 이유를 대면서. 안트베르펜에서 사업하고 있던 그레셤이 목도한 조국의 현실이었다.

헨리 8세 시절 은화. 은 함유량이 낮기로 악명 높았다. [사진출처=The Trustees of the British Museum]

악화가 된 영국의 화폐

헨리 8세가 죽고 나서 막대한 빚을 갚는 과제는 그의 어린 아들 에드워드 6세Edward VI의 숙제가 되었다. 무엇보다 재정 문제가 가장 긴급한 과제였다. 왕이 처음 찾은 건 토머스 그레셤이었다. 런던과 안트베르펀을 연결하는 민간 외교관이었기 때문이다.

"누가 우리 영국의 신뢰를 회복해줄 수 있는가?"

그레셤은 왕의 앞에서 당당히 얘기했다. "폐하의 가장 훌륭한 금화와 은화가 왕국 신뢰와 함께 사라졌습니다." 그의 직언에 임금은 역정 대신 관직을 내렸다. '왕의 대리인'이자, '왕의 상인'이었다. 그가 다시 안트베르펀으로 향했다. 조국의 신뢰를 되찾기 위함이었다.

안트베르펀에 도착한 그레셤은 밤낮을 가리지 않았다. 영국의 화폐가 다시 옛 위상을 찾기를 바라는 마음에서였다. 영국 정부가 얼마나 노력하는지를 상인에게, 또 은행가에게 설명하는 작업이었다. 왕실 재정의 상황을 흉금을 열고 고백하며, 지금의 높은 이자를 줄여달라는 부탁도 청했다. 그레셤의 노력이 통했는지 파운드

16세기 최고의 도시 중 하나였던 안트베르펀의 풍경.

화에 대한 가치가 조금씩 부활하기 시작했다.

영국 왕실의 재정 부담이 줄어들고 있다는 뜻이었다. 상인들은 다시 예전처럼 파운드화를 가지고 국제 거래에 나설 수 있게 되었다. 늘어난 거래는 세수의 증가를 의미했고, 영국은 다시 한 발짝 앞으로 나아가고 있었다. 에드워드 6세가 즉위한 지 약 9개월 만에 나랏빚이 절반으로 줄어들었다. '메뚜기' 그레셤이 이리저리 뛰어다닌 덕분이었다. 1552년 토머스 그레셤은 그 공로를 인정받아 기사 작위를 받았다.

1553년 영국은 다시 큰 혼란에 맞닥뜨린다. 에드워드 6세가 15살의 나이로 요절하면서 누나 메리 1세Mary I가 임금의 자리에 올랐기 때문이다. 독실한 가톨릭 신자였던 메리 1세는 아버지 헨리 8세가 만들어놓고 남동생 에드워드 6세가 지키려 했던 개신교의 영국을 다시 흔들었다. 그 과정에서 많은 개신교도들이 처형되며, '피의 메리Bloody Mary'라는 별명도 생겼다. 에드워드 6세의 애정을 받은 개신교도 토머스 그레셤의 자리도 온전치 못했다.

그레셤의 빈자리는 대번에 드러났다. 메리 1세의 재정 책임자 윌리엄 던시William Dauntsey는 그레셤의 역량에 절반도 미치지 못하는 남자였다. 왕실 재정이 곧바로 악화했고, 안트베르펀 상인들과 소통할 대변인도 사라졌다. 메리 1세는 토머스 그레셤을 다시 부를 수밖에 없었다. 그는 부름을 마다하지 않았다. 다시 네덜란드로 건너가 메리 여왕에게 필요한 급전을 낮은 이자로 빌려왔다. 필요하면 자신의 신용도 함께 걸었다. 화약·무기 등의 수입을 주도한 것도 그레셤이었다. 유럽에서 전운이 고조되는 걸 눈치채고 있었기 때문이다. 영국이 메리 1세 통치 시기 종교 분쟁으로 정치적 혼란을 겪으면서도 국가 신용도를 유지할 수 있었던 것은 그레셤이라는 경제인이 있었기 때문이었다.

영국 경제를 그레셤에게 맡긴 세 명의 왕

피의 메리가 재위 5년 만에 사망하자 그 뒤를 이어 왕위에 오른 것은 그 유명한 엘리자베스 1세, 메리 1세의 배다른 동생이자 에드워드 6세의 배다른 누나였다. 그레셤의 자리는 여전히 보장돼 있었다. 세 명의 군주 모두 성향이 달랐지만 그레셤을 향한 믿음만큼은 같았다. 엘리자베스 여왕은 그에게 전폭적인 권한을 부여했다. 그레셤은 믿음을 기반으로 대대적 화폐개혁을 단행한다.

나쁜 돈과 동의어가 되어버린 파운드화를 다시 좋은 돈으로 돌려놓자는 고언이었다. 화폐의 질이 국가의 신뢰를 결정한다는 걸 알아서였다. 대규모 화폐 교체 작업이 이루어지며 영국은 다시 부국으로 향하고 있었다.

때마침 네덜란드에서 전쟁이 터졌다. 스페인의 식민 지배를 참지 못하겠다는 몸부림이었다. 안트베르펜의 은행가들과 상인들이 대거 영국으로 피난했다. 그레셤은 기회를 놓치지 않았다. 런던을

헨리 8세부터 엘리자베스 1세까지. 튜더 가문을 묘사한 초상화.

제2의 안트베르펀으로 만들자는 구상, 유럽의 자본과 상인들이 뛰어놀 마당을 조국에 만들자는 것이었다. 이렇게 왕립거래소Royal Exchange가 탄생했다.

신대륙에서 사업을 하려는 사람, 유럽 대륙에서 무역을 하려는 사람이 모여드는 곳, 시궁창 같은 욕망이 뒤엉켜 산업의 아름다움을 일궈내는 장소였다. 중동 레반트 지역의 상인도, 러시아 모스크바의 무역업자도 이곳에서 돈을 빌렸을 정도다. 상인들이 모이는 공적 장소인 왕립거래소에서는 주로 실제 상품이 거래되었고 주식이나 채권 거래는 이뤄지지 않았다. 그러자 자연스럽게 왕립거래소의 인근 거리에서 주식과 채권을 거래하는 시장이 형성되었다. 훗날 왕립거래소는 주식이 거래되는 런던 증권거래소의 모태가 된다. 세계 금융 중심지의 초기 모델에 그레셤의 흔적이 남은 것이다. 영국을 해가 지지 않는 나라로 만든 숨은 조력자로 그레셤이 빠지지 않는 이유기도 하다.

"내 재산이 새로운 지식의 전파가 되기를 원하네."

1579년 그레셤은 죽어가고 있었다. 아내 앤 퍼넬리와의 사이에 아들 하나를 뒀지만, 그의 유일한 적자는 17살 되던 해에 세상을 떠났다. 남은 자식은 앤 퍼넬리가 전남편과 낳은 두 아들과 사생아 딸 하나뿐이었다. 그는 자신의 재산 대부분을 대학 설립에 사용할 것을 유언으로 남겼다. 아내는 두 아들을 위해 유산을 되찾기 위한 소송을 걸었다. 토머스 그레셤은 애국자였지만, 가정에서만큼은 죽어서까지 폭군으로 남았다.

1597년 그의 유언에 따라 대학이 세워졌다. 그레셤 칼리지다. 먹물의 언어인 라틴어만 고수하는 다른 대학들과 달리 영어 수업을 내세운 진보적 기관이었다. 일반 시민들에게도 지식이 더 많이 전파되기를 바라는 마음에서였다. 수강료도 받지 않았다. 그레셤 가문의 수익에서 충당했기 때문이다. 이곳에서 국가적 석학들이 대중의 언어로 지식을 전달했다. 세인트폴 성당을 지은 건축가 크리스토퍼 렌도, '세포'라는 단어를 처음 사용한 물리학자 로버트 훅Robert Hook도 바로 이곳에서 강의한 지식인이었다. 그레셤 칼리지는 훗날 과학혁명의 요람이라고 불리게 되었다.

우리가 잘 아는 그레셤의 법칙은 같은 가치의 돈 중 금속 함유량이 높은 좋은 돈은 시장에서 사라지고, 저품질 화폐만 남는다는 경제학적 원리다. 1857년 스코틀랜드 경제학자 헨리 더닝 맥클라우드Henry Dunning Macleod가 이런 현상을 발견한 뒤 그레셤의 이름을 붙였다. 그레셤이 양질의 화폐가 가진 의미를 잘 아는 사람

영국의 경제적 초석을 다진 토머스 그레셤의 초상화.

이라는 생각에서였다.

그레셤은 '글로벌 금융의 첫 번째 마법사'로 불린다. 탁월한 재정 감각으로 나라의 곳간을 채웠고 혁신적 화폐 정책으로 영국의 국제적 위상을 부활시킨 덕분이다. 그는 정치인보다 뛰어난 감각을, 군주보다 원대한 포부를 가진 위대한 상인이었다. 왕립거래소를 비롯해 런던 곳곳에는 그레셤 가문의 상징인 황금 메뚜기가 놓여 있다. 잔혹한 남편이었고, 제국을 만든 위대한 경제인이었으며, 무엇보다 뜨거운 애국자였던 한 남자, 런던을 넘어 대영 제국의 초석을 다진 토머스 그레셤이다.

네줄요약

+ 토머스 그레셤은 은화에서 은 함량을 줄이는 일이 국제적 타격이 된다는 걸 잘 알았다.
+ 세계적 상거래 장소인 네덜란드 안트베르펀에 직접 찾아가 영국 정부의 신뢰도를 높이기 위해 물심양면 노력하는 한편 영국에서는 다시 제대로 된 화폐를 만들 것을 주문했다.
+ 국제 무역에서 신뢰를 되찾은 영국은 충만한 재정으로 부국의 길로 나아갈 수 있었다.
+ '악화가 양화를 구축한다'는 그레셤의 법칙은 16세기 상인 토머스 그레셤에서 따왔다.

참고문헌
- 존 가이, 그레셤의 법칙:엘리자베스 1세 시대 한 은행가의 삶과 세계, 프로파일북스, 2019년

4

거품의 경제사

18 종이가 금과 은을 대신하기까지

시기 ✦ 18세기
키워드 ✦ 환어음, 지폐, 금융, 은행, 주식회사, 주식 투자
지역 ✦ 프랑스, 네덜란드, 스코틀랜드
인물 ✦ 존 로

도박과 여자가 한때 인생에 유이^{有二}한 낙이었던 청년이 있었다. 매일 밤 그가 향한 곳은 일확천금의 꿈으로 가득한 도박장이었다. 한탕 크게 당겨서 부자로 살아보겠다는 이들의 어리석은 꿈으로 가득한 이곳에서 20살이 갓 넘은 청년은 재산을 탕진하고 있었다. 푼돈이라도 손에 쥔 날이면 사랑하는 여자에게 달려가곤 했다. 그녀는 모든 귀족이 탐낼 정도로 미인이었던 탓에 라이벌도 많았다. 어느 날 그녀가 다른 남자의 추파를 받는 것을 보았을 때, 분기를 참지 못하고 그 남자를 끝내 죽여버리고 말았다.

이제 그에게는 노름꾼, 난봉꾼, 협잡꾼이라는 멸칭에 살인자라는 오명까지 덧대어졌다. 18세기 스코틀랜드 경제학자 존 로John

미켈란젤로 메리시 디 카라바조의 〈카드 샤프〉 1594년 작품.

Law의 이야기다. '살인자' 존 로의 영광은 역설적으로 이때부터 시작되었다. 프랑스로 도주한 그가 재무총감으로서 경제의 혁신을 불러왔기 때문이다. 오늘날의 화폐 금융 시스템을 처음 상상한 것이 존 로였다. 현재의 가치로 환산했을 때 엔비디아Nvidia와 애플Apple을 합한 회사도 만들어냈다.

귀족 난봉꾼 존 로

존 로는 1671년 스코틀랜드 에든버러의 번듯한 은행가 집안의 자제로 태어났다. 아버지 윌리엄 로William Law는 금 세공사이자 은행가로, 돈에 눈이 밝았던 덕분에 젊은 나이에 이미 큰 부를 이룬 인물이었다. 그는 아들 존이 자신처럼 훌륭한 은행가가 되기를 바랐다. 그래서 수학과 회계학 공부를 꾸준히 시켰다.

존 로는 아주 복잡한 계산도 척척 해낼 정도로 총명해서 학교에서도 단연 주목받았다. 신은 대개 명석한 이에게 훌륭한 성품을 내리지 않는다. 존의 품행은 유달리 방정맞았다. 거칠게 놀기 좋아하고, 이성에게 집착했다. 아버지는 그를 바로잡는 마지막 울타리였다. 에든버러 고등학교를 졸업한 뒤 은행업을 배우면서 가업을 이을 준비를 하던 그가 제 몫을 겨우 해낼 무렵, 아버지 윌리엄 로가 눈을 감았다. 존의 나이 고작 18살이었다.

가업을 물려받기에 너무 어린 나이였던 그는 사업을 통해 들어오는 큰돈을 운용할 줄 몰랐다. 더구나 아버지에 의해 제어되던 방탕한 품성에 고삐가 풀려 음주, 도박, 여색에 빠져들었다. 그의 성Law과 다르게 불법unlaw에 가까운 인물이 되어가고 있었다. 영국 런던에서 방탕한 삶을 살다가 왕의 정부 엘리자베스 빌리어스

존 로 초상화.

Elizabeth Villiers에게 반해 살인까지 저질렀다. 스코틀랜드의 번듯한 귀족 도련님에서 살인자로 추락한 것이다.

그에게 내려진 판결은 사형이었다. 존 로는 탈옥이라는 일생일대의 도박을 감행했다. 뉴게이트 교도소에서 탈옥에 성공한 그는 그길로 암스테르담으로 도주했다. 무역과 금융의 수도에서 존은 은행가로서의 기질을 꽃 피우기 시작했다. 물산과 돈이 활기차게 도는 도시 암스테르담에서 경제가 어떻게 돌아가는지를 몸소 체험할 수 있었다.

나라마저 부강하게 만든 은행의 힘

암스테르담에서 은행의 역할을 보면서 존 로는 가업에 대한 피가 다시 끓기 시작했다. 시 정부가 설립한 암스테르담 은행은 경제 순환의 마중물 역할을 톡톡히 했다. 특히 그가 주목한 건 네덜란드 상인들이 활용하는 환어음이었다. 다른 나라 상인들이 무겁고 보관이 어려운 금화나 은화로 거래하는 데 반해 네덜란드의 상인들은 환어음 종이를 들고 간편하게 물건을 교환했다. 경제적으로 튼실하고 안정적인 은행이 지급을 보증하는 시스템이었다.

무거운 금화를 애써 배로 옮기지 않아도 되었다. 금화가 차지하는 자리에 물건을 하나라도 더 실을 수 있다는 의미였다. 금화의 제한된 수량 탓에 거래하고 싶어도 못 하는 상인들에게 환어음장과 같은 종이화폐, 즉 지폐는 천군만마와 같았다. 현대인에게 신용카드와 같은 결제 혁신이, 근대 네덜란드에서도 일어나고 있었다. 금융이 실물 경제의 피와 살이 되고 있던 것이다. 네덜란드의

17세기 후반 암스테르담 담 광장. 존 로는 이 시기 즈음 이곳에서 은행의 힘을 체감했다.

무역은 더욱 활발해지고, 국부는 늘어갔다. 소국 네덜란드를 대국 프랑스마저 무시할 수 없게 된 배경이다. 프랑스와의 전쟁에서도 기어이 승리를 쟁취하는 네덜란드를 보며 존 로는 깨달았다.

"금융은 한 나라를 강국으로 만든다."

존 로가 '신뢰 기반의 지폐fiat money'를 구상하기 시작한 건 이때부터였다. 파리, 베네치아, 제네바 등 힘깨나 쓰는 도시를 방문하면서 그는 자신의 경제 이론을 완성해가고 있었다. 베네치아에서도 암스테르담처럼 상인들이 주화 대신 종이로 거래하는 모습을 목격한다. 이 역시 신뢰 있는 은행들이 중간에서 지급을 보증했기에 가능한 일이었다. 존 로는 이제 상상하기 시작한다. '무역에서 사용되는 신뢰 기반 지폐를 국가 차원에서 사용한다면, 그 국가의 부는 크게 늘어날 거야.' 유럽 화폐 혁신의 불꽃이 존 로의 마음속에 촛불처럼 옮겨붙었다.

경제 이론으로 무장한 존 로는 야심이 넘쳤다. 시칠리아 왕국과 사보이 공작에게 찾아가 자신의 말대로 경제를 이끌어볼 것을 권했다. 돌아온 대답은 당연하게도 거절이었다. 평판이 망가질 대로 망가진 귀족 자제의 말을 믿을 리 없었다. 그러나 존 로는 포기하지 않았다. 그는 프랑스로 향하는 배에 올라탄다. 어린 루이 15세Louis XV와 그를 보필하는 섭정 오를레앙 공작 필리프 2세Philippe II를 어렵게 만난다. 존 로가 면박을 당할 것이라는 모두의 예상과는 달리 그는 큰 환대를 받았다.

프랑스 왕실이 존 로를 반긴 이유가 있었다. 프랑스의 경제가 급격하게 무너지고 있었기 때문이다. 베르사유 궁전 확장 공사, 이웃 나라와의 전쟁으로 루이 14세는 프랑스에 막대한 빚을 남겼다. 1715년 나랏빚은 무려 20억 리브르에 달했다. 이자만 해도 한해에 8,000만 리브르나 되었다. 1년 국고 수입 6,900만 리브르로는 감당

왕위에 오른 루이 15세.
그는 증조 할아버지
루이 14세가 남긴 막대한
빚을 해결해야 할 상황에
놓였다.

할 수 없는 금액이었다. 가만히 있어도 매년 원금이 늘어나는 상황에 프랑스는 파산이라는 절체절명의 위기 직면해 있었다. 지푸라기라도 잡아야 할 때 "모든 빚을 갚을 수 있다"며 홀연히 나타난 운명의 인물이 난봉꾼, 살인자로 불렸던 존 로였다.

국가라는 이름의 지폐

"프랑스라는 이름의 신뢰를 활용해 지폐를 발행해야 합니다."

존 로는 프랑스 경제개혁의 선봉이 되었다. 그의 최우선 과제는 나랏빚 청산이었다. 존 로의 첫 번째 처방전은 은행이었다. 은행이 지폐의 발행을 늘려 경제를 활성화하자는 복안이었다 존 로는 그동안 프랑스 경제가 금화·은화와 같은 무거운 화폐에 의존해 유동성 부족으로 경제가 원활히 돌아가지 않았다고 분석했다. 사용하기 쉬운 종이돈을 활용하면 그만큼 경제 활동이 늘어나고, 이는 세수의 증가로 이어진다는 구상이었다. 지폐를 은행에 제출하면 언제든 은화로 교환되었기에 상인들은 안심하고 지폐를 활용한다는 설명도 덧붙였다. 암스테르담 도시에서 행해지던 모델을 국가 차원으로 확대한 것이다. 프랑스의 첫 은행 '방크 제네랄'의 출범이었다.

존 로의 체제는 완벽하게 안착하는 듯 보였다. 그가 프랑스에 도착한 지 1년 만에 국내 사업자 수가 60퍼센트나 늘었다. 프랑스 깃발을 단 무역함도 16척에서 300척으로 증가했다. 방크 제네랄이 발행한 지폐가 무역의 문턱을 낮춘 덕분이었다. 방크 제네랄의 효과를 톡톡히 본 왕실은 은행을 인수하며 직접 운영에 나섰다. '방크 로얄'로의 승격이었다. 프랑스 왕실은 더욱더 많은 사람들에게 은행권 지폐를 사용하라고 독려했다. 프랑스는 존 로의 구상대로 움직이고 있었다.

그는 1720년 프랑스의 새로운 재무총감으로 임명되기에 이른다. 현재로 치면 나라 살림을 도맡은 기획재정부 장관이다. 방탕한 살인마는 온데간데없이 사라지고 '경제의 신' 존 로만이 프랑스의 영광을 구현하고 있었다.

두 번째 처방전도 곧바로 발표되었다. 국부를 실질적으로 늘리기 위한 사업 구상안이었다. 미국의 미시시피강 인근 루이지애나 무역을 독점하는 국유회사를 만들자는 것이었다. 그 이름도 유명한 '미시시피 회사'였다.

무역으로 벌어들인 돈으로 국가의 빚을 갚자는 원대한 이 계획에 위대한 콜베르가 이끌던 부국 프랑스를 다시 만들자는 포부가 담겨 있었다. 금융(방크 로얄)-사업(미시시피 회사)-국가(프랑스 왕실)라는 삼각편대의 시너지를 노린 것이다. 시민들은 점점 성장하는 프랑스와 미시시피 회사에 배팅하려는 열망에 휩싸였다.

존 로는 여기서 또 하나의 획기적인 생각을 실행에 옮긴다. 프랑스 시민들이 미시시피 회사에 투자하고 싶어 하는 열망을 눈치챈 그는 미시시피 회사 주식을 정부 채권으로만 살 수 있게 하자고 제안한다. 프랑스 왕실의 빚을 유망한 공기업 미시시피 회사 주식으로 탈바꿈시키는 전략이었다. 미시시피 회사의 장밋빛 미래를 의심하지 않았던 채권 보유자들은 주식을 사는 데 선뜻 동의한다.

프랑스 왕실로서는 빚 부담도 줄이고, 미시시피 회사 투자자도 모으는 일거양득의 효과를 누린 셈이다. 프랑스 채권을 보유한 사람들에게 원금과 이자를 갚아야 하지만, 미시시피 주식회사 투자자들에게는 갚을 돈이 없었다. 미시시피 회사가 큰 성공을 거뒀을 때 그 이익을 공유받기만 하는 것이었다. 얼마 후에는 방크 로얄이 발행한 은행 지폐로 미시시피 주식을 구매하도록 바꿨다. 지폐 사용이 늘어날수록 경제에 긍정적인 효과가 클 것이라는 생각 때문이었다. 프랑스 시민들은 의심의 여지 없이 더 많은 미시시피 주식, 더 많은 프랑스의 지폐를 원했다. 귀족과 시민, 계급을 가리지 않고 모두 앞다퉈 미시시피 회사의 주주가 되었다. 프랑스가 곧 미시시피 회사라고 믿었기에 나온 결과였다.

"루이지애나에서 엄청난 금광이 터졌소." 파리 시내는 흥분과 아드레날린으로 가득했다. 미시시피 회사가 아메리카 식민지에서 대박을 터뜨렸다는 소문을 들은 뒤였다. 모든 주주가 환호성을 질렸다. 이제 자신들은 부자가 됐고, 프랑스도 영원한 부국이 될 것이라고 믿어 의심치 않았다.

1년 사이에 주식 가격이 16배나 뛰었다. 국가 통치자가 밀어주는 사업을 누구도 의심하지 않았기에 가능한 광풍에 가까운 투기였다. 시골 촌부마저 미시시피 회사 주식을 사기 위해 파리로 올라왔을 정도였다. 그 당시 시가총액을 오늘날 현금 가치로 계산하면 6조 5,000억 달러에 달한다는 분석도 있다. 엔비디아와 애플을 합친 수준으로, 거품이 얼마나 끼었는지를 반증하는 셈이다.

프랑스 왕실이 발행한 지폐는 엄청난 물가 상승, 즉 인플레이션이라는 부작용을 부르고 있었다. 프랑스 시민들은 개의치 않았다. 물가 상승을 뛰어넘는 황금 '미시시피 회사 주식'이 있었기 때문이다.

거짓이 프랑스를 뒤엎었을 때, 진실 역시 대서양을 건너고 있었다. 미시시피 회사의 실적이 전혀 없다는 불편한 진실이었다. 장

미시시피 회사 버블을 풍자한 삽화.

밋빛 미래는 모래성처럼 무너진다. 황금으로 여겨지던 주식은 어느새 종이 쪼가리가 되어버렸다. 은행에는 지폐를 들고 은화 교환을 요구하는 시민으로 가득했고, 존 로를 잡아 죽이자는 분노의 사자후가 터져 나왔다. 이제 남은 것은 은행권의 남발로 야기된 고물가와 주식 폭락으로 가난에 빠져버린 시민들, 금융에 대한 불신이었다.

한 번의 실패로 멈춘 금융개혁

존 로의 말로는 비참했다. 아무도 모르게 프랑스를 탈출한 그는 이탈리아의 베네치아에 정착한다. 그가 경제를 배우고, 도박에 빠진 그곳이었다. 돌아온 존 로는 다시 도박에 손을 댔다. 협잡꾼에서 경제의 신으로, 또다시 협잡꾼으로…. 1729년 존 로는 조용히 눈을 감았다.

프랑스는 다시 격변에 빠져들었고, '방크'라는 이름은 금기어가 되었다. 주식회사 설립은 무려 150년 동안이나 금지되었다. 금융과 산업을 경시한 프랑스는 무너지고, 유럽의 헤게모니는 영국으로 넘어가고 있었다. 루이 14세의 말년처럼, 루이 15세의 프랑스는 다시 과대 채무국으로 전락했다. 후임 루이 16세는 단두대의 이슬로 사라진다.

오늘날의 눈으로 본 존 로의 실패 원인은 명확하다. 실물 경제에 기반하지 않은 과도한 화폐 발행은 극심한 물가 상승을 초래한다는 사실을 몰랐던 탓이다.

그럼에도 그의 혁신성은 오늘날까지 살아 숨 쉬고 있다. 신용에 기반한 화폐 시스템이 경제를 혁신한다는 구상은 오늘날 현대 금융제도의 기반이 되었기 때문이다. 존 로와 달리 오늘날 중앙은행은 그 어떤 정치세력으로부터도 독립되어 운영된다. 그의 실패에서 교정해 더욱 정교한 프로그램을 구현한 것이다. 민주주의가 민중의 피를 먹고 자라듯, 경제는 시민의 욕망과 부를 먹이 삼아 성장한다. 협잡꾼이자, 살인마, 그리고 위대한 경제 실험자였던 존 로가 남긴 교훈이다.

네줄요약

✦ 루이 14세가 남긴 빚으로 허덕이고 있던 프랑스를 구원하기 위해 등장한 남자는 스코틀랜드 도박꾼 존 로였다.
✦ 국가가 은행을 세워 지폐 발행을 늘리고, 무역회사를 독점하면 부를 늘릴 수 있다는 구상이었다.
✦ 이 모든 계획이 미시시피 회사의 거품 붕괴로 실패하면서 프랑스는 금융을 금기하기 시작했다.
✦ 그럼에도 신뢰 기반 지폐를 상상한 그의 구상은 오늘날 현대 금융제도에 녹아 있다.

참고문헌

- 윤은주, 18세기 초 프랑스의 재정 위기와 로 체제, 프랑스사 연구 16호

19 천재가 남해회사에 눈 뜨고 코 베인 전말

시기 ✦ 17~18세기
키워드 ✦ 남해회사, 거품경제, 투자 광풍, 명예혁명, 기업규제법
지역 ✦ 영국, 네덜란드
인물 ✦ 아이작 뉴턴, 존 블런트, 로버트 월폴

화려한 정원이 딸린 저택, 분수대 옆에 앉아 편안하게 공부하는 안락한 삶. 그가 평생을 꿈꿔왔던 장면이 곧 현실로 다가오는 듯했다. 투자한 주식이 대박을 앞뒀기 때문이었다. 물리학에 매료되어 공부에 푹 빠져 산 지 어언 60년, 진리를 탐구한 그에게 신께서 선물을 내리려 했던 것이었을까. 학문도 투자도 모두 성공한 그는 세상을 다 가진 기분이었다.

다음 날 아침, 그러나 시내는 분노와 절규로 부산했다. 어제만 해도 환희에 젖어 있던 투자자들의 외침이었다. 거짓말처럼 폭락한 주식 소식을 듣고 찾아온 군중과 폭락을 부정하던 투자자들이었다. 그 속에는 어젯밤까지 가슴 벅찬 채 잠들었던 물리학자도 있었다. 꿈이 아니었다. 그들이 투자한 주식회사는 거짓뿐인 정보 위에 세워진 모래성이었기 때문이다. 이 회사의 이름은 남해회사 South Sea Company, 허상에 빠져 결국 전 재산을 날린 투자자의 이름은 아이작 뉴턴 Isac Newton이었다. 만유인력을 발견한 인류의 지성조차도 '대박'이라는 꾀임에는 까막눈이었다. 그는 망연자실한 채로 되뇌었다.

"중력은 계산할 수 있지만, 사람들의 광기는 계산할 수 없었다."

오늘날 본질적 가치를 훨씬 뛰어넘는 주식 가격에 '거품(버블)'이라는 관용구가 붙게 된 것도 이 사건 직후였다. 역설적으로 이 사건 이후 영국은 세계적 금융 강국으로 거듭난다. 경제사에서는 절대 작지 않은 의미를 남긴 사건이다.

아이작 뉴턴의 초상화.
고프리 넬러의 1689년
작품.

영국, 네덜란드의 금융 혁신을 이식하다

"신이시여, 왕과 여왕을 구원하소서."

1688년 영국에 일대 격변이 일어난다. 제임스 2세가 신하들에 의해 왕좌에서 쫓겨나면서였다. 개신교 국가인 영국에서 제임스 2세가 가톨릭을 옹호하는 정책이 화를 일으킨 것이었다. 새로 옹립한 왕은 같은 개신교 국가인 네덜란드의 지배자 윌리엄과 그의 아내 메리였다. 제 나라 왕의 폭정을 견디지 못해 외국의 지배자를 수입해온 셈이었다. 완전한 외국인을 모셔 온 것도 아니었다. 두 사람의 또 다른 정체성은 제임스 2세의 딸과 사위였다. 제임스 2세는 워낙 인기가 없는 왕이었기에 큰 소란 없이 정권이 교체되었다. 이른바 명예혁명이다. 메리 2세와 윌리엄 3세의 공동 통치가 막을 올렸다(메리 2세가 1694년에 사망하면서 이후는 사실상 윌리엄 3세의 단독 통치가 이뤄진다).

명예혁명은 금융혁명이기도 했다. 자본주의적 시스템이 가장 잘 갖춰진 나라 네덜란드의 군주가 영국을 지배하기 시작했기 때문이다. 선진 금융 체계가 영국에 이식된다는 의미이기도 했다. 네덜란드에만 존재하던 증권거래소와 중앙은행이 영국에 등장한 배경이었다. 그레셤이 세운 왕립거래소가 있기는 했지만, 이곳에서는 주식 거래가 이뤄지지 않았다. 주식은 익스체인지 앨리Exchange Alley라고 불리는 거리에서 주로 거래되고 있었다. 이곳의 커피하우스나 창고에서 경매되는 열악한 환경이었지만, 윌리엄 3세 통치 시기인 1694년 중앙은행인 영국은행을 설립하고 1704년에는 약속어음에 관한 법도 제정되면서 환경이 점차 개선되었다. 현재 뉴욕과 함께 세계적인 금융 도시로 꼽히는 런던이 네덜란드 군주로부터 그 첫발을 뗀 셈이다.

도로가 닦이면 차가 늘어나듯, 금융이라는 비단길 위에는 자본가들이 올라선다. 1690년대 영국은 자본가의 시대로 불린다. 은행가이자 동인도회사의 주주로서 큰돈을 번 조사이아 차일드Josiah Child가 대표적 인물이다. 당시 금욕의 중요성을 강조하던 교회는 이런 자본가들의 허영과 야만을 비판했지만, 그들은 대수롭지 않게 응수했다. "인간은 이윤을 좇는 존재"라고 외치면서….

제임스 브리지스 찬도스 백작James Brydges, 1st Duke of Chandos도 큰 부를 일군 인물로 유명하다. 탐욕과 소비가 경제적 미덕이라는 자유주의의 살아 있는 상징들이었다. 이들은 《꿀벌의 우화》를 쓴 버나드 맨더빌Bernard Mandeville의 명언을 가슴에 새긴 채 살아간다. "탐욕·낭비·자만·사치와 같은 개인적인 악덕은 사회에 이롭다."

윌리엄 3세 치세에 영국 상업 활동은 그 어느 때보다 활발했다. 항구에는 매일같이 거대한 함선이 들어와 세계 각지의 아름다운 물건들을 내려놓고 다시 항해를 떠나기 바빴다. 금융의 달인인 이주 네덜란드인들은 영국 경제를 금빛으로 바꿔놓은 일등공신이었다. 회사의 가치는 치솟았고, 더 많은 사람들은 주식을 거래하기를 원했다. 런던 증권거래소의 시작이었다. 옵션 투자와 같은 선진 투자 기법도 네덜란드에서 수입되기에 이르렀다.

미시시피 회사 복제판 남해회사

'주식회사 영국'은 언제나 상한가였다. 주식 투자 붐이 일었다. 하지만 영국은 여전히 배가 고팠다. 바다 건너 프랑스에서 걸출한 회사가 나라를 부국으로 만들었기 때문이었다. 미시시피 회사였

런던 비숍스게이트에 마련된 남해회사의 본사.

다. 프랑스는 수백 년 된 영국의 앙숙으로, 체스게임조차도 져서는 안 될 숙적이었다. 영국 정부의 가장 큰 목표는 단 하나, 미시시피 회사를 능가하는 회사를 만드는 것이었다. 남해회사의 등장이었다.

남해회사의 기본 구조는 미시시피 회사와 같았다. 남아메리카 지역의 무역 독점권을 보유한 조직으로 영국 국채 보유자들에게 회사 주식으로 교환할 수 있는 권리를 부여했다. 영국 정부로서는 스페인 계승 전쟁과 대북방 전쟁으로 쌓인 빚을 털어버릴 기회였고, 시민들은 유망한 회사의 주식을 보유할 기회였다.

모든 투자자가 장밋빛 전망에 사로잡혀 있었다. 주가가 하루가 다르게 치솟았기 때문이다. 신분의 고하와 관계없이 모두가 남해회사에 투자했다. 물리학자 뉴턴도, 시인 알렉산더 포프Alexander Pope도 대박의 열기에 휩싸인 인물이었다. 포프가 주식 브로커에게 보낸 편지에 다음과 같은 내용이 있었다.

'나는 국채의 주식 전환에 관한 이야기를 매일 듣고 있습니다. 우리가 부자가 될 수 있다는 열망에 너무나 들떠 있습니다.'

시인도 물리학자도 일확천금 앞에서는 속물이나 진배없었다 증권거래소는 남해회사 주식을 사고 싶어 하는 사람들로 넘쳐났다.《로빈슨 크루소》의 저자 대니얼 디포Daniel Defoe는 그때의 상황을 이렇게 묘사했다.

'익스체인지 앨리에는 한몫 잡기 위해 영국 전역에서 몰려온 사람들이 우글거린다.'

하지만 남해회사는 대중의 믿음과는 달리 건실한 회사가 아니었다. 회사를 이끄는 존 블런트John Blunt는 내실보다는 주가만 쳐다보는 인물이었다. 그는 천재적인 방법으로 남해회사 주식에 대한 수요를 끌어올렸다. 주식을 담보로 돈을 빌려주는 것이었다.

오늘날로 치면 엔비디아 주식을 사고 싶어 하는 사람들에게 엔비디아가 직접 돈을 빌려주고 주식을 사게끔 유도하는 셈이다. 수요 폭증은 예정된 일이었다. '돈이 없어도 남해회사 주식을 살 수 있다'는 문구 하나가 미친 파급력은 어마어마했다. 영국에 있는 가난뱅이들까지도 비루한 삶에서 벗어나고자 너도나도 주식을 사들이기 시작한다. 주가는 폭등해 한 달 사이에 80퍼센트 가까이 올랐다. 황당한 사업 계획과 빈약한 매출에도 투자자들은 눈을 감았다.

주가 폭등에 기름 부은 정치

거품이 낀 회사 뒤에는 정치적 배경이 있기 마련이다. 존 블런트는 의원들과 장관의 몫을 항상 먼저 빼두었다. 정치와 경제가 유착할 때 그 이익이 폭등한다는 것을 잘 알고 있었기 때문이다. 의원들은 주식을 우선 배정받았고, 뇌물을 받아 챙긴 의원들은 2배 이상의 시세 차익을 맛봤다. 하원의원인 허치슨은 국채를 남해회사의 주식으로 전환하는 계획에 관해서 "수많은 가정을 파멸로부터 보호해야 하는 것이 의원의 의무"라고 일갈했지만 아무도 귀 기울이지 않았다.

180파운드에서 시작한 남해회사의 주가는 어느덧 1,000파운드를 넘어서고 있었다. 1720년 국왕 조지 1세Gorge I도 이 주식 청약에 참여했다. 런던의 모든 사람이 외쳤다. "영원하라 왕이여, 남해회사여."

사건 발생 100년 뒤에도 그림의 소재가 될 정도로 영국 역사에 길이 남을 사건이었다. 시장 저잣거리에서마저 주식 이야기가 나온다면 당장 팔아야 한다는 말은 동서고금의 진리인가 보다. 런던의 모든 사람들이 남해회사 주식이라는 광풍에 사로잡혔을 즈음, 그 실체가 조금씩 드러난다. 남해회사가 본업인 라틴아메리카와의 독점 무역에서 별다른 수익을 보지 못한다는 사실이 알려진 것이다. 정보가 비대칭적이면 그 피해는 언제나 시민의 몫이 된다. '남해'라는 바다에는 물고기가 없었다. 오직 거품만이 가득했다. 주가 폭락은 수순이었다. 1,000파운드에 달하던 주가가 며칠 만에 100파운드로 떨어졌다.

　주가가 폭락하자 전 재산을 날린 시민들이 의회에 찾아가 구제를 요청했지만 묘수는 없었다. 스스로 목숨을 끊는 이들도 속출했고 폭도로 변한 군중은 영국 정치의 중심지인 웨스트민스터 사원에 난입해 칼을 휘둘렀다. 성경에서나 묘사되는 지옥도가 펼쳐졌다.

　'남해'라는 파도가 영국을 강타했다. "모든 질병이 전염병처럼 퍼지고 있다. 환상에 빠져 고통을 느끼지 못하는 사태가 우리 눈

19세기 중반 화가 에드워드 메튜 워드가 그린 〈남해회사 거품〉.

앞에 와 있다." 대니얼 디포는 이렇게 말했다.

　영국 조폐공사 사장으로 일하고 있던 뉴턴 역시 이때 모든 재산을 날렸다. 오늘날의 화폐 가치로 77억 원에 해당하는 거액이었다. 부를 향한 욕심 앞에서는 그의 빛나는 지성도 무용지물이었다. 마침 라이벌 프랑스에서도 미시시피 회사가 무너지고 있었다. 전 유럽을 뒤흔든 금융 위기였다.

1712년 노년의 아이작 뉴턴. 제임스 손힐의 작품.

프랑스와 180도 달랐던 영국의 대처

국격은 번영이 아닌 위기에서 드러난다. 미시시피 회사가 무너진 후 프랑스는 휘청거렸지만 영국은 달랐다. 품격 있는 지도자가 상황을 수습하기 위해 등판했기 때문이다. 새로 임명된 재무부 장관 로버트 월폴Robert Walpole이었다.

그는 입각하자마자 책임자에 대한 조사에 나섰다. 남해회사의 부패에 눈감아준 유력 정치인들도 예외가 될 수 없었다. 전임 재무장관 존 아이슬라비John Aislabie를 비롯해 고위 관료 여러 명이 탄핵당했다. 광분한 투자자를 진정시키기 위한 제물로 충분한 인물들이었다.

또 주식 폭락으로 완전히 얼어붙은 경제에 활력을 불어넣기 위해서 중앙은행인 영국은행을 적극 활용했다. 필요한 곳에 돈을 공급하고, 살려야 할 기업은 살리는 작업이었다. 냉철하지만 때로는 무자비하게, 선비의 문제의식과 상인의 현실 감각을 모두 겸비한 접근이었다. 1720년에 통과된 버블법Bubble Act을 통해 거친 말처럼 뛰놀던 기업들에 재갈을 물렸다. 기업이 허위성 정보를 기반으로 주식을 발행하는 것을 방지하는 법안이었다. 경제사에서 기업에 규제를 가한 첫 번째 법안이다.

기업의 투명성과 금융시장의 건전성 없이는 자본시장이 성장할 수 없다는 걸 잘 알았기에 나온 행동이었다. 선명한 금융 시스템 속에서 영국은 다시 일어설 수 있었다. 로버트 월폴은 사태 수습의 공을 인정받아 영국 역사상 첫 총리 자리에 올랐다.

18세기 후반 증기기관의 혁명적 발전은 영국을 산업 부국으로 이끌었다. 남해회사의 거품을 내실로 가득한 풍요의 바다로 만든 건 영국의 정치인이었다. 같은 시기 미시시피 회사 거품의 직격탄

재무 장관 로버트 월폴은 남해회사 거품 사태를 해결한 정치인이었다.

을 맞은 프랑스는 1787년 대혁명으로 왕정이 무너진다. 프랑스에는 월폴이라는 위대한 정치가가 없었기 때문이다. 정치는 때로 국가의 명운을 가른다.

네줄요약

✦ 18세기 초 영국은 남해회사라는 독점 무역권을 가진 회사를 설립하고 국채를 가진 투자자들이 주식을 살 수 있게 했다.

✦ 장밋빛 전망이 이어지면서 영국 전역에 주식을 사려는 사람들로 가득

했다. 아이작 뉴턴도 그중 하나였다.
+ 수익에 대한 거품이 드러나자 주식은 10분의 1로 폭락했다.
+ 그러나 월폴이라는 위대한 정치인이 책임자를 처벌하고 금융시장을 안정화시키면서 다시 영국은 금융 중심지로 거듭났다.

참고문헌
- 에드워드 챈슬러, 금융투기의 역사, 국일증권경제연구소, 2001년

20 옵션 계약으로 핀 버블꽃, 튤립

시기 ✦ 17세기
키워드 ✦ 튤립파동, 선물거래, 옵션계약
지역 ✦ 네덜란드
인물 ✦ 카롤루스 클루시우스

돈이 흘러넘치는 시대가 있었다. 진귀한 물건이 시장에 가득하고, 귀티가 흐르는 시민들은 망설임 없이 돈을 건넸다. 왁자지껄한 시장을 지나 들어선 으슥한 골목길에는 야한 옷을 입고 호객하는 여인들로 가득했다. 돈을 주체하지 못하는 남정네들은 윤락 여성들의 손을 잡고 건물 안으로 향했다. 그야말로 향락의 도시인 17세기 네덜란드의 모습이다.

무역을 통해 엄청난 국부를 쌓고 스페인 제국으로부터 독립을 쟁취한 네덜란드는 '작은 대국'이었다. 상업·예술·금융 등 다방면에서 혁신이 터져 나오면서였다. 황금시대로 부를 만했다. 그러나 네덜란드는 이내 취해버렸다. 승리와 자만이라는 독주가 원인이었다.

시민들은 더 쉽게 돈을 벌 방법을 찾아 나섰다. 마침 뜨겁게 주목받는 투자처가 있었다. '튤립'이었다. 하루가 다르게 가격이 널뛰면서 튤립 구근(알뿌리) 한 개가 집 한 채 가격을 뛰어넘을 정도였다. 숙련직 근로자 연봉의 10배도 가뿐히 넘었다.

경제사에서 가장 유명한 사건 중 하나인 '튤립 파동'이었다. 튤립 가격의 고공행진이 영원할 것이란 믿음은 허망하게 사라졌지만, 그 유산은 현재까지 남아 있다. 물건을 사전에 정한 가격에 거래하는 '옵션' 거래시장이 이때 태동했기 때문이다. 경제 거품이 남긴 의미다.

요하네스 힌데리쿠스 에게베르거가 그린 튤립 열풍.

꽃, 네덜란드를 수놓다

16세기 네덜란드 의사 카롤루스 클루시우스Carolus Clusius는 치료를 업으로 삼은 사람이었지만 그의 주된 관심사는 다른 곳에 있었다. 식물을 공부하면서 큰 만족감을 느꼈는데, 그중에서도 꽃에 관심이 많았다. 마침 국가적으로도 새로운 식물에 관한 관심이 커지고 있던 때였다. 동방 오스만 제국에서 그동안 보지 못했던 진귀한 꽃들이 밀려 들어오고 있었기 때문이다. 부국 네덜란드를 더욱 화사하게 만드는 진귀한 존재들이었다.

카롤루스는 본격적인 전업을 결심했다. 레이던 대학교에 들어가 식물원Hortus botanicus Leiden을 세운다. 세계 최초의 식물원이었다. 온종일 꽃과 식물을 관찰하면서 그들의 생장 방법을 살필 때 그는 가장 행복했다. 지극한 식물 사랑을 알고 있던 지인이 그에게 꽃 한 송이를 선물한다. 튤립이었다. 그는 보자마자 그 식물에 빠져들었다. 화려한 색을 뿜내면서도 해수면 아래 척박한 땅에서도 잘 자랐기 때문이다. 주변 강대국의 숱한 박해를 뿌리치고 성장한 네덜란드와 같다고 생각했다.

빨간 튤립은 갈수록 그 아름다움을 더했다. 선홍빛 색상에 다양한 줄무늬가 생기면서 사람들을 매료시켰다. 바이러스에 걸리면서 일어난 현상이었지만, 역설적으로 튤립의 미를 극대화시켰다. 카롤루스는 이를 기록해두었다. '튤립은 죽기 전에 다양한 색으로 주인의 눈을 즐겁게 해준다. 마치 마지막 작별 인사라도 하듯이…'

튤립이 만든 찬란한 얼룩에 네덜란드인들은 모두 빠져들고 있었다. 그들은 모두 집 앞 정원에 튤립을 심고 싶어 했다. 국토가 좁아 너른 정원이 없었던 네덜란드에서 투박한 농촌 풍경을 화사하게 밝혀주는 튤립을 누가 사랑하지 않을까?

당시 네덜란드는 유럽 국가 중 1인당 국민소득이 가장 높은 부국 중 부국이었다. 개신교 특유의 검약 정신은 희미해진 지 이미 오래였다. 그들은 탐욕스럽게 튤립의 알뿌리를 사들였다. 튤립 수요가 폭발하면서 가격이 천정부지로 치솟았기 때문이다. 가격 상승에 대한 기대는 또 다른 수요를 부른다. 꽃에 '황제' '총독' '장군'이라는 등급까지 매겨준다. 아름다운 순서대로 줄을 세운 것이었다. 황제 튤립 한 송이 가격은 1630년대 기준으로 1,200길더(당시 네

한스 볼렝거의 튤립 그림. 1644년 작품. 가장 위 꽃이 셈퍼 아우구스투스.

덜란드 통화)에 달했는데, 이는 집 한 채 값과 같은 수준이었다. 오늘날로 치면 꽃 한 송이에 5억 원이 넘는 셈이다.

 미의 상징이었던 튤립은 도박판의 장기 말처럼 움직이고 있었다. 계급이 높은 사람부터 시골 촌부까지 튤립 알뿌리를 안 사는 사람들이 없었다. 그들은 알뿌리를 바라보면서 황제로 꽃 피우기를 간절히 바라고 바랐다. 신에게 기도드리는 지극 정성도 마다하지 않았다. 하지만 이들은 황제와 장군을 가르는 게 바이러스라는 사실은 알지 못했다. 뿌리가 어떤 바이러스에 걸리느냐에 따라 황제 튤립이 될 수도, 평범한 튤립이 될 수도 있었던 것이다. 바이러스가 일확천금을 가져다주는 일종의 도박의 신이었다.

튤립 버블, 금융 혁신의 씨앗이 되다

"땅에 있는 것이라도 파시오."

튤립의 알뿌리를 찾는 사람들로 네덜란드가 시끌벅적했다. 물건은 이미 동난 상황이었지만, 투기꾼들의 탐욕은 멈추지 않았다. 겨울철에 농사꾼들을 찾아가 땅속에 묻혀 있는 알뿌리를 거래하기에 이르렀다. 미래 특정 시점에 특정 가격에 물건을 양도하기로 하는 '선물 거래'였다. 선물이라는 거래 방식이 생겨나면서 튤립 뿌리 가격은 더욱 치솟았다. 미래에 나올 물건까지 시장에서 전부 소화되었기 때문이다. 실물이 거래되지 않는다는 이유로 '공기를 거래한다'는 뜻의 바람장사windhandel라고 부르기도 했다.

25길더였던 튤립 알뿌리가 일주일 만에 3,000길더로 올랐다. 당시 숙련 근로자 10년 치 봉급이었다. 13톤의 밀, 황소 두 마리, 돼지 네 마리, 양 여섯 마리, 포도주 드럼 한 통, 맥주 큰 통 한 개, 버터 5톤, 치즈 1.5톤을 다 살 수 있는 가격이었다. '미친 튤립'이었다. 바이러스에 걸린 건 튤립뿐만 아니라 투기 광풍에 휘말린 네덜란드 사회 전체였다. 튤립이 돈이 된다는 소식을 이웃 나라 프랑스에서도 듣고 건너와 투자했을 정도였다. 네덜란드 국토 곳곳에 튤립 거래소가 없는 곳이 없었다.

튤립은 네덜란드의 많은 것을 앗아갔다. 돈을 손쉽게 벌 수 있다는 교만은 네덜란드를 갉아먹고 있었다. 노동의 윤리, 기업가의 창업 정신이 모두 바래지고 있던 아주 평온한 겨울, 1637년 2월 3

일이었다. 튤립이 거래되던 시장은 썰렁하기 그지없는 풍경으로 변했다. 교회의 종소리만이 광장의 적막을 채웠다.

천정부지로 치솟은 튤립을 사겠다는 사람이 더는 나타나지 않았다. 시장이 붕괴하는 순간이었다. 저가에 내놓는 튤립 뿌리도 팔리지 않았다. 추락하는 것에는 날개가 없다. 튤립이 그랬다. 네덜란드의 수많은 투자자가 비극의 주인공이 되어야 했다. 유명화가 얀 반 호이엔Jan van Goyen도 그중 하나였다. 튤립 가격이 최고가

1637년 튤립 관련 팸플릿.

를 찍던 때에 900길더에 자신의 그림 한 점을 더해 튤립을 샀던 그는 비참한 가난에 시달리다 죽음을 맞았다. 튤립 뿌리에 목이 졸린 셈이었다. 선물 계약의 시행 날짜가 다가왔다. 구매하기로 약속했던 이들의 선택은 두 가지였다. 도주하거나 계약대로 못 한다고 몽니를 부리거나. 이미 폭락해버린 튤립을 거액에 살 사람은 없었다. 정부도 문제를 잘 알고 있었다. 선물 계약을 한 이들이 계약을 이행할 경우 그 피해는 걷잡을 수 없이 커질 게 분명했다. 당시 튤립 거래 총액은 4,000만 길더를 넘었던 것으로 추정된다. 암스테르담 은행 예치금 350만 길더의 10배에 해당하는 금액이었다. 그 시절 세계에서 가장 큰 기업체였던 네덜란드 동인도회사 최초 투자금이 650만 길더였던 것과 비교해봐도 튤립의 거품이 터질 경우 초래할 경제적 부작용을 예상해볼 수 있다. '미풍'이 아닌 '초강력 태풍'이 될 것이었다.

계약은 지켜져야 한다pacta sunt servanda는 게 자본주의의 '헌법 제1조'와 같지만 정치는 때때로 원칙에 눈감고 실리를 찾는 '선택의 예술'이다. 선물 계약자들이 정부에 호소하자, 정부가 중재안을 제시했다. 약속한 금액의 일부만 내고 튤립 뿌리를 양도받을 권리를 포기하는 것이었다. 옵션 계약의 초기 모습이었다.

선물 계약에서는 구매자가 특정 시점에 반드시 약속한 금액으로 물건을 받아야 했지만, 옵션은 이 권리를 포기할 수 있는 여지를 열어주었다. 엄청난 손해를 봐야 하는 투자자를 보호하는 조치였다. 하를럼 등 일부 도시에서는 계약액의 3.5퍼센트를, 다른 도시 일부에서는 10퍼센트를 위약금으로 정했다. 폭탄과 같은 투기 계약에 도화선을 제거하는 작업이기도 했다. 원칙은 원칙이라고, 정부가 한발 뒤로 물러났다면 이때 네덜란드의 경제는 치명타를 맞았을지도 모른다.

오늘날 세계 금융시장에서 중요 개념으로 통하는 옵션이 이처럼 튤립으로부터 탄생했다. 2000년 닷컴 버블, 2008년 글로벌 금융 위기, 세상 모든 경제 위기마다 400년 전의 튤립 파동이 다시 소환된다.

거품이 꺼지자 산업의 양수가 되었다. 네덜란드 사람들은 여전히 튤립의 아름다움을 잊지 않고 있었다. 거품 이후 잠깐의 튤립 혐오 정서가 퍼졌지만 오래가지 않았다. 이들은 다시 튤립을 가꾸고 육성해 전 국토를 화사하게 수놓았다. 네덜란드가 튤립 공화국이 된 배경이다. 2015년 기준 화훼 수출액만 약 10조 원에 달할 정도다. 전 세계 화훼시장의 약 60퍼센트를 차지하는 위대한 성과다. 한때 수많은 사람을 가난과 몰락으로 몰아넣었던 튤립이 네덜란드와 세계 경제의 꽃으로 다시 태어난 것이다.

장 레옹 제롬이 묘사한 튤립 버블. 귀족이 튤립을 바라보는 가운데 병사들이 튤립을 짓밟고 있다.
공급을 줄여 가격을 유지하기 위함이었다.

네줄요약

+ 17세기 황금시대를 맞은 네덜란드에서는 바이러스에 걸린 튤립에 대한 고평가가 이어지기 시작했다.
+ 숙련 근로자 10년 치 연봉으로도 살 수 없을 정도로 가격이 폭등하는 투기 붐이 일었다.
+ 싹도 나오지 않은 튤립을 미리 계약하기도 했는데, 오늘날 선물 거래의 표본이었다.
+ 결국 거품이 꺼지면서 계약금액의 일부만 내고 계약을 무효화 하는 정치적 조치가 취해졌고, 이로써 큰 위기를 막을 수 있었다.

참고문헌
- 마이크 대시, 튤립 그 아름다움과 투기의 역사, 지호, 2002년

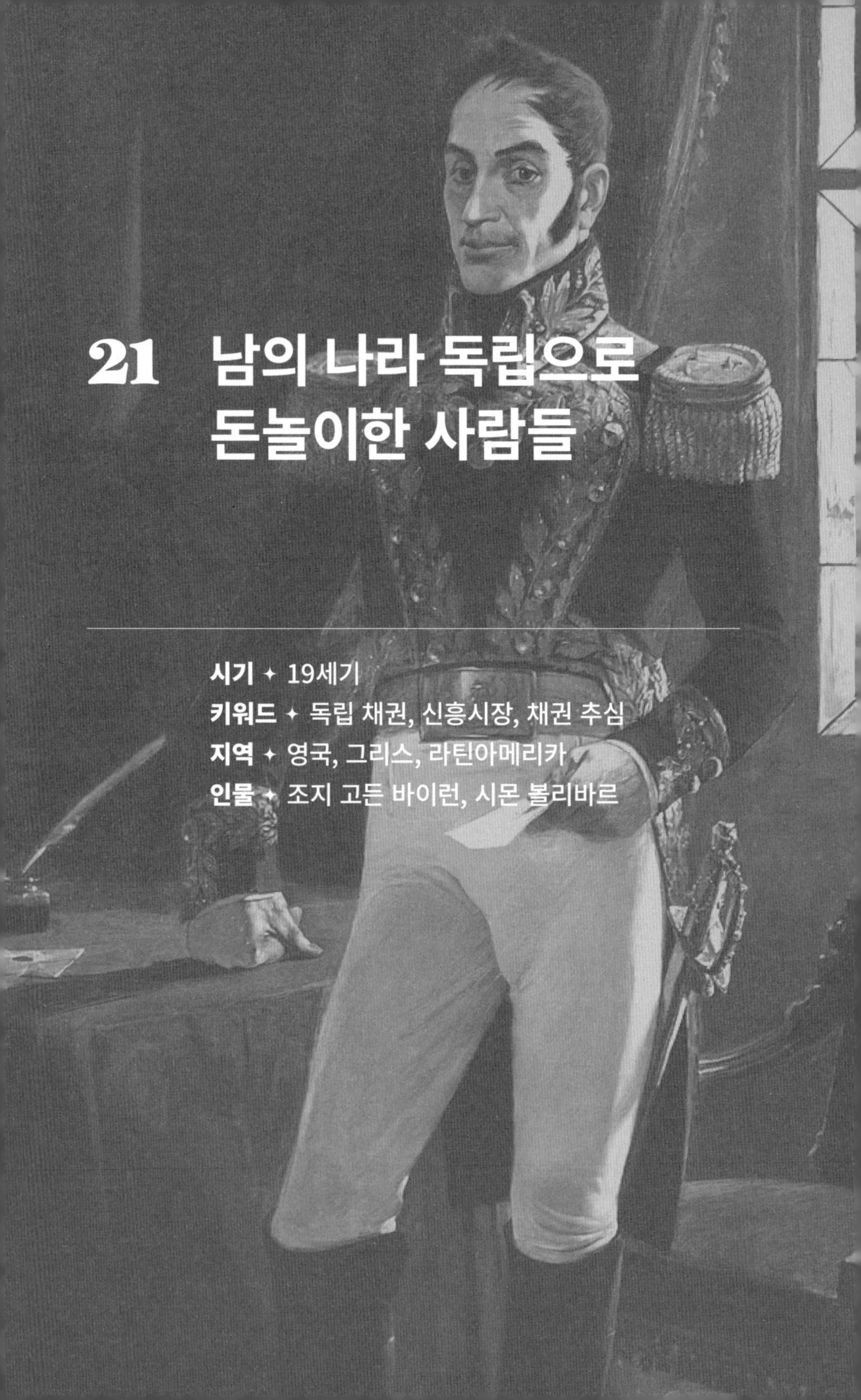

21 남의 나라 독립으로 돈놀이한 사람들

시기 ✦ 19세기
키워드 ✦ 독립 채권, 신흥시장, 채권 추심
지역 ✦ 영국, 그리스, 라틴아메리카
인물 ✦ 조지 고든 바이런, 시몬 볼리바르

19세기 초, 글로 사람들의 마음을 훔친 영국의 시인이 있었다. 낭만적인 시로 특히 여자들의 마음을 흔들었는데, 그의 잠자리 리스트에는 숱한 유부녀들의 이름이 적혀 있었다. 책에 관해 이야기 하자면서 침실로 자연스레 들어갔기 때문이다.

결국 셀 수 없는 성 추문으로 인해 그는 사실상 추방당하기에 이르렀다. 찬사를 보내던 손은 경멸의 손가락질로 변해 있었다. 식음을 전폐하고 폐인이 될 법도 한데, 이 남자는 전쟁터로 가는 독특한 행보를 보였다. 타국의 독립을 위해 총을 든 것이다. 그리스가 오스만 제국으로부터 독립하기 위해 벌인 전쟁에서 그는 싸늘한 시신이 되었다. 영국 낭만주의를 대표하는 조지 고든 바이런 George Gordon Byron 경의 이야기다.

바이런의 죽음은 엄청난 투자 열기를 불러왔다. 낭만주의 시인으로 국민적 사랑을 받았던 그의 죽음을 추모하는 런던 시민들이 그리스 독립 채권을 잇달아 사들였기 때문이다. 바이런의 죽음이 부른 투자 열기였다. 진한 감정선은 언제나 돈 줄기와 연결돼 있다.

영국의 시인, 그리스에 빠지다

바이런은 거친 삶을 살았다. 그가 네 살 때 아버지가 매춘을 일삼다가 외국에서 객사했다. 어머니는 걸걸한 입으로 다리에 장

젊은 시절의
조지 고든 바이런.

애가 있는 바이런에게 욕을 내뱉었다. 고향은 그에게 꽃이 피지 않는 불모의 땅이었다. 바이런은 언제나 다른 곳에서 이상향을 찾았다. 신들이 고대의 지혜를 간직하고 있는 곳, 태초의 미가 아직까지 살아 숨 쉬고 있는 곳, 다름 아닌 그리스였다. 그가 21살이 됐을 무렵 그리스로 여행을 떠난 배경이었다. 고대 그리스 신전은 폐허가 되어 있었지만 그가 느낀 전율은 생생했다. "아름다운 그리스여, 사라진 유적의 슬픈 가치여."

그리스 여행의 기억을 책으로 써냈다. 《차일드 헤럴드의 순례》는 세상을 유랑하면서 몽상에 젖어들고 쾌락에 몸을 던지는 한 남자의 여정이었다. 선의 결정체 같은 기존 영웅들과 궤를 달리한 덕분이지, 책은 그야말로 불티나게 팔려나갔다. 이와 함께 바이런은 런던 사교계의 스타가 되었다. 자신을 만나고 싶어 하는 여성에게 바이런은 언제나 몸과 마음을 열었다. 바이런을 안 거친 귀부인을 찾기 힘들 정도라는 소문까지 돌았다. 캐럴라인 램Caroline Lamb이라는 여성은 바이런이 안 만나준다는 이유로 자살 소동을 벌이기도 했다. 배다른 여동생이자 이미 결혼한 오거스타 리Augusta Leigh와도 스캔들을 일으키면서 결국 그는 런던을 떠날 수밖에 없었다.

조국을 떠난 그가 찾은 곳은 마음의 고향과도 같은 그리스였다. 당시 그리스는 한창 오스만 제국에 저항해 독립 전쟁을 벌이고 있었다. 고대 그리스가 이슬람 세력에서 벗어나 온전히 부활할 수 있다는 생각에 바이런의 가슴은 벅차올랐다. 영국에 있는 재산을 팔아 2만 파운드를 마련한 그는 전쟁에 참전할 군대를 직접 소집했다. 정작 그는 총 한번 쏴보지 못하고 열병에 걸려 타국에서 죽

윌리엄 터너가 그린 차일드 헤럴드의 순례. 1823년 작품.

고 말았다.

별은 거대할수록 더 강력한 블랙홀을 남기는 법이다. 바이런이라는 별의 죽음은 유럽의 모든 관심을 그리스로 향하게 만들었다. 유럽의 위대한 작가가 타국에서 산화한 서사 때문이었다. 유럽인들은 '더는 존재하지 않으나, 불멸하는 그리스여Immortal, though no more!'라는 바이런의 글귀를 되새겼다. 서구 문명의 요람이었던 그리스, 이슬람에 억압받는 그리스를 구원해야 한다는 열망이 폭발했다. 고대 그리스에 대한 찬미를 의미하는 '필헬레니즘philhellenism'은 바이런을 기점으로 더욱 크게 성장한다.

그리스 투자 열기를 부른 바이런의 죽음

바이런에 대한 추모는 단지 광장에서만 이뤄지지 않았다. 런던의 시민들은 런던 증권거래소로 몰려갔다. 그리스 독립 채권을 사

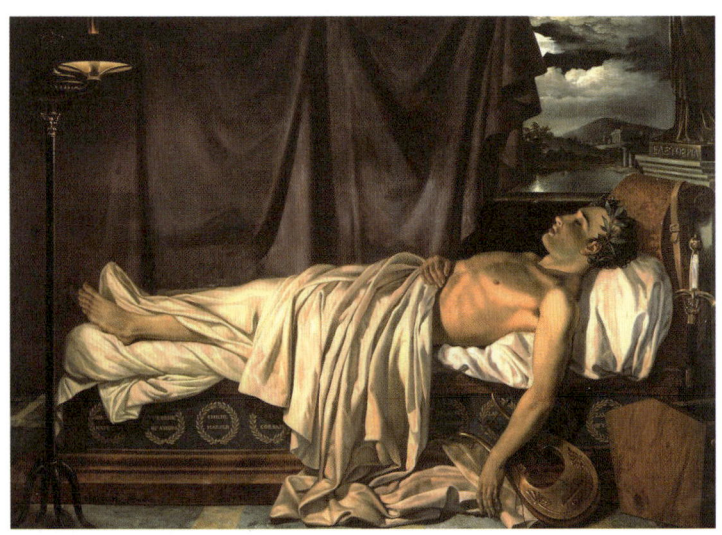

바이런 경의 죽음.
장애가 있던 오른발을
시트로 가린 모습이
인상적이다.

기 위해서였다. 바이런을 추모하는 시민들의 방식이었다. 1824년에 80만 파운드에 달하는 채권이 판매되자 이듬해에는 200만 파운드 규모가 발행된다. 그야말로 흥행 대박이었다. 그리스 독립을 위해 돈이 쓰인다는 낭만적 이유와 수익률이 10퍼센트에 육박한다는 투자 욕망이 결합한 덕분이었다. 런던 증권거래소에서 그리스가 유력 투자처로 떠오른 데는 시대적 배경도 자리하고 있었다. 나폴레옹 전쟁 때 큰돈을 번 투자자들이 새로운 고수익을 찾아 나서고 있었기 때문이다.

1803년 나폴레옹이 영국과의 전쟁을 선언하면서 영국 정부는 엄청나게 큰 비용이 필요했다. 그들은 국채를 발행하는 방식으로 돈을 조달했다. 1년에 3퍼센트의 이자를 지급하는 영국 국채 '콘솔Consol'의 등장이었다. 나폴레옹이 전쟁에서 승기를 잡자 이 채권은 액면가의 30퍼센트로 폭락하기도 했다. 국채는 나라와 명운을 함께하기에 영국이 프랑스에 무릎을 꿇으면 국채 이자를 지급하기 힘들어지는 것이다. 결과적으로 나폴레옹 전쟁에서 영국이 승리하면서 투자자들은 큰돈을 벌 수 있었다.

욕망은 결코 채워질 수 없는 허기다. 돈맛을 본 투자자들은 더 큰 수익을 찾아 나섰다. 영국 국채의 낮은 이자를 받아들이지 못했다. 그때 등장한 것이 그리스 독립 채권이었다. 특히 영국의 자유주의자들과 정치인들이 만든 '런던 필헬레닉 위원회(고대 그리스의 역사와 문화를 사랑하는 모임)'가 앞장서서 채권 투자를 독려했다. 그리스 독립군을 재정적으로 돕기 위해서였다. 당대 최고의 자본주의 국가에서 민간 자본이 신생 독립국으로 대규모로 흐르는 이례적인 일이었다. 세계 최초의 국제적 공공채로 보는 시각도 존재한다.

프랑스와 독일에서도 필헬레니즘 물결이 일었다. 그러나 그들의 접근 방식은 비자본주의적이었다. 군사를 지원하거나 기부금을 전달하는 방식이었기 때문이다. 오직 런던에서만 숭고한 이상과 세속적 욕망이 결합된 채권이 발행되었다. 외국인들도 런던 증권거래소에서 그리스 독립 채권을 샀다.

숭고한 이상은 현실의 때로 오염되기 마련이다. 애써 조달한 금액이 브로커 수수료를 떼고 나서 절반 정도만 그리스로 향했다.

테오도로스 브라지키스의 감사하는 그리스 여신 헬라스. 그리스 독립을 축하하는 그림이다.

공채로 조달한 금액으로 영국에서 무기를 구입해 보내기도 했는데, 선박이 침몰해 도착하지 않는 사례도 많았다.

더구나 그리스 독립군은 그 돈을 제대로 활용할 줄 모르는 '당나라 군대' 수준이었다. 서로 이권 다툼을 벌이다 분열한 것이다. 채권으로 조달한 금액은 오늘날 기준으로 수천억 원에 달했지만, 그들의 군복은 여전히 낡았고 무기는 조악하기 그지없었다. 그리스 독립군이 할 수 있는 건 오로지 현상 유지뿐이었다. 그 결과 오스만 제국군이 아테네를 점령하면서 다시 승기를 잡았다. 이는 곧 그리스 독립 채권이 위기를 맞았다는 의미였다.

유럽의 필헬레니즘 열기는 더욱더 불타올랐다. 유럽의 모태인 도시가 다시 이슬람의 손에 넘어간다는 우려 때문이었다. 어쩌면 채권 가격 폭락에 대한 분노도 열정의 땔감이 됐을지 모른다.

정치는 언제나 대중의 열망을 좇는다. 영국·프랑스·러시아가 그리스 독립 전쟁 개입을 선언했다. 유럽의 모태를 되찾겠다는 선언에 오스만 제국도 그리스의 독립을 인정할 수밖에 없었다. 1832년 영국 런던에서 열린 '런던회의'에서 결정된 내용이었다.

그리스 채권 열풍 라틴아메리카로 옮겨붙다

혁명에 투자한다는 그리스 독립 채권의 등장에 미소 짓는 남자가 있었다. 라틴아메리카의 독립을 이끄는 시몬 볼리바르Simón Bolívar였다. 스페인 제국으로부터 독립을 꿈꾸던 베네수엘라의 독립운동가는 프랑스 혁명의 이상을 대서양 건너인 라틴아메리카에도 펼치겠다는 포부를 품었다.

10년 전인 1810년에 직접 런던을 찾아와서 독립 자금 지원을

베네수엘라 화가 아르투로 미켈레나가 그린 남아메리카 독립 영웅 시몬 볼리바르 초상화. 1895년.

요청했지만 거절당한 인물이기도 했다. 영국은 당시 프랑스와 전쟁을 걱정하던 상황이었다.

시간이 지나면서 시몬 볼리바르에게 다시 기회가 찾아왔다. 영국 런던에서 그리스 독립 채권이 엄청나게 흥행한 것을 지켜본 볼리바르는 혁명 채권의 열기에 올라타고자 했다. 결과는 대성공이었다. 런던의 자본주의는 독립국의 꿈을 자본으로 다시 빚어낼 의지와 욕망으로 충만했다. 금리 역시 영국 국채의 2배에 달했다. 런던 증권거래소에서 1820년대에 발행된 국채는 4,010만 파운드 달했다. 14개국 국채 중 7개국이 라틴아메리카 신생 국가였다. 스페인 제국과 오랜 기간 라이벌 관계였던 영국인들의 민족정신도 이같은 투자 열기에 불을 지폈다.

다양한 국채 투자를 위한 홍보자료가 런던 길거리에 뿌려졌다. 라틴아메리카에 얼마나 많은 금이 매장되어 있는지, 이곳에 얼마나 많은 세계 상선이 왔다 갔다 하는지 유려한 글솜씨와 화려한 그림체로 설명하고 있었다. 시몬 볼리바르와 같은 독립 영웅들의 영웅담도 빠지지 않았다. 독립에 성공한다면 엄청난 부가 뒤따른다는 장밋빛 전망과 함께, 더 많은 홍보성 자료가 뿌려질수록 더 많은 투자자들이 혁명 채권을 사들였다. 남미 투자의 붐이었다. 오늘날로 치면 신흥시장emerging market 투자 붐과 같았다.

욕망이라는 거품에 부패는 가려졌다. 런던 투자자들의 '묻지마 투자' 분위기를 틈타 한탕 잡으려는 사기꾼도 등장했다. 스코틀랜드 그레고르 맥그리거Gregor MacGregor는 자신이 라틴아메리카에 포야이스Poyais라는 신생 국가를 세웠다면서 채권 투자를 독려하는 전단을 뿌렸다. 그가 조달한 금액은 60만 파운드에 달했다. 포야이스라는 나라는 실존하지 않았지만, 투자자들은 라틴아메리카라는 이름만 붙으면 돌이라도 살 기세였다.

욕망이 오염시킨 독립의 이상

투자금액은 거대했지만 라틴아메리카에 실제로 도착한 금액은 미미했다. 그리스 독립 채권과 비슷한 일이 벌어졌기 때문이다. 막대한 중개 수수료, 부패로 인한 재정 누수 등으로 인해 비록 미미한 금액이 도착했지만, 독립군은 이 돈을 무기 삼아 스페인 제국에 맞섰다. 스페인의 국력이 예전 같지 않았기에 라틴아메리카의 독립운동은 더욱 거세질 수 있었다.

그리스도, 라틴아메리카 국가들도 마침내 독립을 쟁취했다. 더 이상 제국의 식민지가 아니며, 자신이 선 땅이 온전히 자기들 것이라는 외침이 그리스와 라틴아메리카에 울려 퍼졌다. 그러나 독립의 단꿈은 현실의 쓸쓸함에 희석되고 있었다. 쓸 돈은 많고 들어오는 돈은 적어서 재정 건전성이 크게 흔들렸던 탓이다. 채권을 홍보할 때 썼던 감언이설은 그저 망상에 불과했다.

라틴아메리카 국가들이 채권 이자를 갚을 수 없다는 의미였다. 채무국들은 채무 불이행을 선언했다. 2,000만 파운드가 그대로 날아갔고, 런던 투자자들은 막대한 손실을 입었다. 은행 12개가 문 닫을 정도였다. 1825년의 패닉이라고 부른 사건이었다.

채권 추심이 잔혹한 건 오늘날만의 이야기는 아니다. 그리스는 1830년대 후반에 다시 돈을 지원받는 대가로 외국인 감시단을 받아들여야 했다. 재정 정책에 손발이 묶이게 된 것이다. 1860년대 멕시코가 프랑스에 침공당한 이유도, 베네수엘라가 1902년 유럽 열강으로부터 군함 봉쇄를 당한 이유도 남미 채권 붐이 지목되었다. 국채라는 달콤한 금융 지원이 정치적 자유를 억압한 수단이 된 역설이다.

조작된 포야이스 달러. 맥그리거는 이 지폐를 영국 화폐와 교환하는 사기 행각을 벌였다.

네줄요약

✦ 영국 유명 시인 바이런은 숱한 성 추문으로 인해 조국을 떠나야 했다.

✦ 영국을 떠난 그는 고대 그리스에 심취해 그리스 독립운동에 뛰어들었다가 죽음을 맞았다.

✦ 바이런을 향한 추모 열기로 런던의 수많은 투자자가 그리스 독립 채권을 사들였는데, 높은 이자수익과 독립을 지지한다는 이유가 결합한 덕분이다.

✦ 라틴아메리카 독립 채권까지 등장하면서 독립 채권 붐이 일었지만, 거품이 꺼지면서 결국 큰 투자 손실이 났다.

5

음식의
경제사

22 청어가 보여준 동맹과 담합의 한 끗 차이

시기 ✦ 11세기~17세기
키워드 ✦ 무역, 한자동맹, FTA
지역 ✦ 독일, 네덜란드
인물 ✦ 청어잡이 어부들

"혀의 쾌락이 우리를 낙원에서 추방되게 했다."

기독교에서 인간의 원죄는 입에서 시작된다. 신이 금지한 음식인 선악과를 최초의 인간 아담과 하와가 먹어서였다. 이렇게 낙원에서 쫓겨난 인간이 죄를 씻기 위해서는 몸을 정화하는 과정을 거쳐야 했다. 욕구를 일으키는 음식을 자제하고, 정연한 마음으로 신에게 다가갈 채비를 갖추는 것이다. 기독교가 금지한 대표적 음식은 '뜨거운 음식'인 육류였다. 고기의 열이 인간의 하체를 달궈 육체를 향한 욕망을 일으킨다고 봤기 때문이다. 4세기 성인 히에로니무스Hieronymus는 말했다. "고기를 배가 두둑할 때까지 먹는 행위는 육욕의 온상이다."

인류는 태곳적부터 고기를 먹었다. 영양소가 풍부했기에 교회

플랑드르 화가 피터 폴 루벤스가 에덴 동산을 묘사한 그림.

의 가르침대로 고기를 완전히 끊을 수는 없었다. 그래서 나온 절충안이 최소한 성스러운 날만이라도 고기를 금하는 것이었다. 그런데 해가 갈수록 성스러운 날은 늘어만 갔다. 기독교가 공인한 성인이 매년 추가되었기 때문이다. 어느덧 축일은 1년의 절반이 넘었다. 고기를 먹을 수 있는 날은 그만큼 줄어들었다.

지방과 단백질을 향한 욕구는 DNA에 내재해 있었기에 이를 막을 수는 없었다. 교회는 대안을 제시하기에 이르렀다. 생선이었는데, 이는 예수가 일으킨 오병이어五餅二魚의 기적, 즉 두 마리의 생선과 빵 다섯 개로 5,000명을 먹인 일화와도 일맥상통했다. 교회의 목사님들은 이야기했다. "축일에는 고기 대신 생선을 드세요. 생선은 성질이 차갑습니다. 고로 성욕을 억누르기에 좋습니다." 기독교의 숱한 금식일에 사람들이 생선을 먹게 되었고, 세계 경제는 물고기 떼에 의해 움직이게 되었다.

16세기 독일 화가 게오르그 플레겔이 그린 정물화. 청어와 과일이 놓여 있다.

생선 수요가 폭발한 중세 유럽

"신에게 한 발짝 다가서자."

새 천 년에는 언제나 종교적 열망이 재점화되기 마련이다. 신의 왕국이 열릴 것이라는 믿음이 커지기 때문이다. 신에게서 멀어진 지난날의 과거를 씻어줄 메시아의 재림에 대한 믿음이 확고히 자리한다. 예루살렘을 되찾기 위한 십자군 전쟁이 벌어진 때도, 신에게 더 가까이 다가서고 싶다는 이유로 교회가 첨탑을 높인(고딕양식) 시기도 새 천 년이 열린 11세기 직후였다.

당대 유럽인들은 교회 교리에 더욱 충실하고자 했다. 조만간 열릴 신의 세계에 들어갈 입장권을 얻을 수 있다는 생각에서였다. 그래서 육즙이 흐르는 고기 생각이 절실해도 생각을 고쳐먹고 비릿한 생선을 입에 넣었다. 이처럼 종교적인 열망이 절실할수록 뜨겁게 달아오르는 도시가 있었다. 발트해에 면해 있어 신선한 생선이 가득한 지역들, 독일의 뤼베크와 노르웨이의 베르겐이었다. 청어가 발에 치이도록 많은 도시였다.

따뜻한 봄바람이 불어올 즈음, 발트해와 북해 앞바다는 부옇게 변한다. 물이 오를 대로 오른 청어 수컷이 정액을 뿌려대기 때문이다. 암컷은 엄청나게 많은 알을 산란한다. 알이 성체가 되면 이곳은 그야말로 물 반, 물고기 반이다. 온 유럽이 '신의 음식' 물고기를 간절히 원하니, 도시의 상인들과 어부들은 미소가 절로 지어졌다.

북해와 발트해 도시의 어부들은 엄청나게 많은 청어를 낚았다. 그러나 절반은 버려야만 했다. 청어가 금방 상해버렸기 때문이다. 수출은 꿈도 못 꿀 일이었다. 수요의 폭발적인 증가는 혁신의 마중물이 되기 마련이다. 청어를 더 먼 곳으로 운반하는 방법을 궁리하던 상인들이 획기적 방법을 마련한다. 청어를 소금에 절이는 것이었다. 염장한 생선이 쉽게 상하지 않았다는 사실을 발견한 덕분이었다.

독일 뤼베크에서 등장한 이 혁신으로 인해, 상인들은 이제 한 도시에 만족하지 않았다. 시나브로 거래 도시를 확장하기 시작했다. 새 도시의 상인들과 계약하고 연대하면서, 함께 더 큰 이익을 추구하자고 다짐했다. 발트해에서 북해의 도시들까지 서로서로 연결되고 있었다.

각각의 상인들은 해로와 육로에서 서로의 안전을 보장하고 외부 세력을 배척하는 동맹을 형성한다. 한자동맹die Hanse이었다. 최전성기에는 가맹 도시가 200개에 달할 정도로 아주 강력한 상업 세력이었다('한자'는 독일어로 단체를 뜻하는데, 오늘날에는 독일 대표 항공사 '루프트한자'에도 녹아 있다). 지중해가 틀어쥐고 있던 유럽 무역의 중심이 발트해와 북해로 흘러가고 있었다.

한자동맹에 속한 무역선들은 청어를 가득 싣고 유럽 전역을 누볐다. 유럽에서 이름난 도시 대부분에 한자동맹의 무역기지 상관商館이 세워졌다. 뤼베크는 당대 무역의 핵심으로 자리 잡았다. 그야말로 청어가 만든 도시나 다름없었다. 인근 소금 도시 뤼네부르크도 부유함이 절정에 달했다. 소금이 염장에 꼭 필요한 재료였기 때문이다. 1205년에 연간 6,500톤의 소금을 생산하던 뤼네부르크는 100년 만에 생산량이 3배가량 늘어났다. 그만큼 청어 무역이 폭발했다는 의미다.

한자동맹은 유럽이 무역으로 통합된 최초의 사례다. 한 국가가 아니어도, 같은 민족이 아니어도 공동체가 될 수 있음을 증명한 것이다. 오늘날 지역별 FTA의 초기 모습인 셈이다. 공동체가 지켜야 하는 정관도, 상비군도 없었지만 그 체제는 500년이나 유지되었다. 영국 런던부터 러시아의 노브고로드까지, 한자동맹에 속한 상인들의 독무대가 펼쳐졌다.

자유무역과 보호무역 그 사이

상업적 동맹과 배타적 카르텔은 한 끗 차이다. 한자동맹의 도시들은 무역의 부흥을 열망하며 일어났지만, 다른 상인들의 권리를 배척하는 방향으로 점차 흐르고 있었다. 한자동맹에 속하지 않은 상인들에게 높은 관세를 물리거나, 아예 무역을 금지하는 등 극단적인 정책도 실행했다. 자유무역으로 시작해 보호무역으로 끝나고 있던 셈이다.

싱싱한 청어처럼 빛나던 상인 정신에서 시작된 한자동맹은 어느덧 부패한 썩은 내가 풍기기 시작했다.

카르텔은 영원할 수 없다. 넘치는 창의로 무장한 도전자들의 파괴적 도전에 직면하기 때문이다. 한자동맹에 속하지 못한 도시가 그들의 아성에 도전장을 내밀었다. 네덜란드 암스테르담의 상인들과 어부들이었다.

네덜란드인들은 해수면보다 낮은 땅에서 나라를 일군 사람들이었다. 손재주와 계산 능력에서 누구보다 뛰어난 그들은 청어가 모이는 곳을 계산해 '황금어장'을 찾아냈다. 청어로 넘쳐나는 영국 앞바다는 네덜란드 상인들의 놀이터였다. 16세기 영국 역사학자 윌리엄 캠던William Camden은 저서 《브리타니아》에 다음과 같이 썼다 '네덜란드 놈들이 살이 실하게 오른 청어를 우리 앞바다에서 몽땅 잡아들이고 있다. 이들이 얻는 이익이 얼마나 막대한지 듣고 나는 귀를 의심했다.'

독일 도시 뤼베크와
함부르크의 동맹을
묘사한 15세기 그림.

잡는 기술만 뛰어난 게 아니었다. 염장 기술도 한자동맹을 앞섰다. 거대한 갑판에 엄청나게 많은 청어를 걸어 올리면, 일단의 작업자들이 전면에 나선다. 그 자리에서 염장해 가장 신선하게 유지하는 '빙겔루이빙'이라는 청어 절임 기술이었다. 앞바다에서 잡아 항구로 가져온 뒤에야 절이는 작업에 들어가는 한자동맹의 청어와는 급이 달랐다. 이렇게 절인 청어는 1년 이상 보관이 가능했던 것으로 전해진다. 네덜란드발發 혁신이었다.

유럽의 미각을 네덜란드 청어가 사로잡고 있었다. 점점 더 많은 도시가 한자동맹 대신 네덜란드 상인들이 가지고 온 청어를 찾았다. 프랑스, 영국, 플랑드르 항구에 한자동맹 깃발을 단 배보다 네덜란드의 상선들이 더 많이 집결했다. 더 많은 거래, 더 많은 돈이 암스테르담으로 모이고 있다는 의미였다.

16세기부터는 국가적으로 청어 어업을 육성하기 시작한다. 1560년 1,000여 척이던 청어잡이 배는 1620년 2,000여 척으로 늘어난다. 모두 100톤이 넘는 대형 선박이었다. 네덜란드 암스테르담을 청어 뼈대 위에 세워진 도시라고 부르는 이유였다.

한자동맹의 시대가 저물고 있었다. 네덜란드와의 경쟁에서 밀린 데다가 유럽의 정치 체제가 도시국가에서 국민국가로 전환하고 있었기 때문이다. 영국은 1651년 바다에서의 주권을 잡기 위해 외국 선박의 무역을 금하는 '항해조례Navigation Acts'를 도입하기도 했다.

영원한 강자는 없다

독일에서도 군주가 강력한 권력을 행사하는 국가가 형성되고 있었다. 상인이 주인인 도시국가의 시대는 끝자락에 섰다. 크리스토퍼 콜럼버스가 아메리카를 발견한 이후로 무역의 거점이 대서양으로 옮겨간 것 역시 한자동맹에 치명적이었다. 1669년 한자동맹 회의가 열렸다. 아무도 마지막이라고 말하지 않았지만, 모두가 마지막인 걸 알았다. 한자동맹의 종식이었다.

모든 주체는 역사에 그 흔적을 남긴다. 한자동맹 역시 마찬가지다. 무역 장벽을 낮추고자 했던 도시국가들의 혁신적 시도는 다자간 무역 체제의 비료가 되었다. 막강한 경제력으로 도시 주권자에게 당당히 권리를 요구한 상인들의 정신은 민주주의의 씨앗을 뿌렸다. 네덜란드는 한자동맹의 강력한 경쟁자면서 강력한 추종자이기도 했다. 그들의 성공방정식을 그대로 도입해 진화시켰기 때문이다. 네덜란드는 강력한 청어 무역을 기반으로 금융 시스템을 발전시켰다. 세계 최초의 중앙은행을 만든 것도 네덜란드였다. 현대 자본주의의 근간에 청어의 푸른빛이 반짝이고 있는 셈이다. 금욕이라는 명목으로 사용되던 생선이 부른 나비효과였다.

네덜란드 출신의 세계적 화가인 반 고흐가 그린 훈제한 청어.

네줄요약

✦ 11세기 새 천 년의 도래로 기독교가 다시 교리를 강조하면서 성욕을 부르는 육식을 금하고 생선을 먹을 것을 권하는 움직임이 거세졌다.

✦ 이를 기반으로 북해와 발트해에 청어를 잡는 무역 도시가 성장하기 시작했고, 이는 도시의 무역 연합인 한자동맹으로 연결됐다.

✦ 무역의 촉진을 위한 한자동맹이 카르텔로 변질될 즈음 네덜란드가 청어 가공의 혁신으로 강력한 경쟁자로 떠올랐다.

✦ 네덜란드는 이 청어 무역을 바탕으로 금융업을 발전시키며 현대 자본주의의 기틀을 마련했다. 자본주의에 청어의 비린내가 서려 있는 셈이다.

참고문헌

- 김영술, 발트해 지역의 글로컬라이제이션에 관한 연구: 한자동맹을 중심으로, EU연구 제30호, 2011년
- 오치 도시유키, 세계사를 바꾼 37가지 물고기 이야기, 사람과나무사이, 2020년

23 버터를 먹기 위한 대가

시기 ✦ 16세기
키워드 ✦ 면죄부, 종교개혁
지역 ✦ 알프스 이북 유럽
인물 ✦ 마르틴 루터

"교황은 어떤 죄든 사할 힘이 없다."

1517년은 세계사에서 가장 중요한 해 중 하나로 통한다. 가톨릭에 저항하는 개신교의 움직임이 본격화한 시기여서다. 독일의 신학자 마르틴 루터는 면죄부 남발을 비판하는 '95개 조 반박문'을 공개하면서 종교개혁에 불을 붙였다. 교황을 중심으로 하느님의 메시지를 독점하는 기존 시스템을 거부하는 개신교도들은 늘어만 갔다. 특히 유럽 북부 지역에서 확산세가 빨랐다. 종교 전쟁의 서막이었다.

신학적 견해의 대립만 구교(가톨릭)와 신교(개신교)를 가른 요소는 아니다. 경제사학자들은 한 음식을 둔 미세한 견해차가 경제적 갈등을 불렀다고도 지적한다. 버터가 그 주인공이다. 음식에 풍미를 더하는 버터가 어쩌다 경제적 차별과 이에 따른 종교개혁을 부른 원인으로 지목되었을까?

가톨릭에 항의하는 독일의 성직자 마르틴 루터를 묘사한 1877년의 그림. 안톤 폰 베르너의 작품.

유목민의 음식 버터를 혐오한 문명인들

　버터의 기원부터 살펴보자. 버터는 유목민의 음식으로 기원전 8000년경 아프리카에서 처음 발명된 것으로 전해진다. 소나 염소, 양의 젖을 가죽 주머니에 넣어 버터를 만들었다. 유목민이 개발한 이 음식은 고대 문명에까지 영향을 미쳤다. 기원전 2500년 수메르 문명의 기록에는 소의 젖으로 버터를 어떻게 만드는지 설명되어 있다.

　하지만 고대 그리스·로마 시대 사람들은 버터를 평가절하했다. 주로 게르만족을 비롯한 야만족이 먹던 음식이라고 생각했기 때문이다. 고대 그리스의 시인 아낙산드리데스는 야만인으로 여겨지던 트라키아인을 '부티로파고이'라고 불렀다. 버터 먹는 사람이라는 뜻이었다. 특정 집단의 음식을 깎아내리는 경향은 고대부터 존재하던 것이었다. 고대 로마가 갈리아 정벌에 나서 게르만족을 복속하면서 이들에 대한 차별과 멸시는 더욱 심해졌다. 그들이 먹는 음식도 멸시의 눈초리를 피할 수 없었다.

　문명의 요람 고대 그리스와 로마 사람들은 버터 대신 올리브를 먹었다. 버터만큼이나 지방질이 풍부했기 때문이다. 필수 영양소인 지방을 섭취할 훌륭한 음식이 있으니 굳이 야만족의 음식을 취할 필요가 없었던 것이다. 더욱이 그리스·로마와 같은 지중해성 기후에서는 버터가 상하기 쉬웠기에 먹고 싶어도 먹을 수 없는 환경이기도 했다.

　고대 그리스와 로마의 영향으로 게르만족은 어느 정도 문명화를 이뤘다. 고대 로마식으로 생각하고 행동하고 먹었다. 그러나 그들이 문명의 상징 올리브를 먹는 것은 불가능했다. 추운 북쪽 지방은 올리브 나무가 자랄 수 없는 환경이기 때문이었다. 문명화된

고대 로마 도시 헤르쿨라네움에서 발견된 '올리브 화관을 쓴 여인'. 서기 79년 작품 추정.

게르만족은 계속해서 지방질을 섭취하기 위해 버터를 먹을 수밖에 없었다. 알프스산맥을 기준으로 남유럽과 북유럽의 식문화가 단절된 채 발전한 셈이다.

'버터 금지령' 유럽을 달구다

버터가 사회적 문제로 지목된 건 14세기부터다. 그전부터 육식은 성욕을 키운다고 가톨릭에서 금기시되어 왔다. 그런데 흑사병이 시작되면서 기독교 교리도 점점 엄격하고 보수적으로 변해갔다. 당시 가톨릭은 사순절과 금요일과 기독교 축일에는 육식을 금했다. 유제품·달걀·버터도 마찬가지로 먹을 수 없었다.

이탈리아, 스페인, 프랑스 남부와 같은 지중해에 면한 나라들은 금식일을 여유롭게 지킬 수 있었다. 고기나 유제품 대신 먹을 게 지천으로 널렸기 때문이었다. 올리브기름도 풍부했고, 싱싱한 해산물은 사람들의 입을 즐겁게 해줬다. 그들에게 고기와 유제품은 '잠시 참을 수 있는' 선택지에 불과했다. 더구나 이들은 버터를 여전히 야만적인 음식이라고 생각했다. 북부 지방을 여행할 때면 기름을 직접 가지고 다녔는데, 버터를 먹게 되는 불상사를 미연에 방지하기 위해서였다. 버터 금지령이 남유럽 사람들에게는 전혀 타격 없는 규제였던 것이다.

알프스 이북 지역의 사정은 달랐다. 척박한 내륙 지방에서 먹을 것이라고는 오로지 육류와 유제품뿐이기 때문이었다. 이들에게 고기와 버터를 먹지 말라는 건 필수 영양소를 섭취하지 말라는 것과 같은 의미였다(전능한 누군가가 우리에게 삼겹살과 김치 금지령을 내린다고 상상해보라. 선전포고와 같을 것이다). 그렇다고 값비싼 올리브오일이나 해산물을 수입할 수도 없는 노릇이었다.

버터 면죄부가 등장하다

"그렇게 먹고 싶나? 그렇다면 그 정성을 보이게."

교황청도 버터 금지령이 알프스 이북 유럽에서 얼마나 허황한 것인지는 알고 있었다. 축산업이 기반인 나라의 사람들에게 "귀리만 먹고 살라"고 요구하는 일이었기 때문이다. 그렇다고 교리를 무시하고 마냥 허가해줄 수도 없는 노릇이었다. 그래서 생각해낸 것이 면죄부였다. 금식 기간에 버터와 고기를 먹는 죄를 용서할 테니 이에 상응하는 돈을 내라는 의미였다. 실제로 많은 알프스 이북 유럽의 유지들이 면죄부를 사들이면서까지 육식을 즐겼다. 살림살이가 어려운 사람들도 울며 겨자 먹기로 면죄부를 사야 했다. 고기와 버터를 먹지 않고 살 수는 없는 노릇이었기 때문이다.

프랑스 북서부 지방 루앙의 교구에서는 버터 면죄부로 천문학

마르틴 루터의 초상화.
루카스 크라나흐의
1546년 작품.

적인 수입을 거두기도 했다. 넉넉한 수입에 루앙 대성당에 탑을 두 개 추가하기도 했다. 사람들이 이를 '버터타워'라고 부르는 이유다.

잘못된 정책은 개혁가를 소환하기 마련이다. 대표적 인물이 독일의 수도사 마르틴 루터였다(그 역시 고기와 버터를 즐기는 독일인이었다). 그는 '그리스도교 신도들에게 보내는 연설'이라는 글에서 버터 면죄부에 대해 비판의 목소리를 높였다.

1893년 네덜란드 마가린 광고

'가톨릭교도들은 버터를 먹는 일이 거짓말하거나 신을 모독하거나 부정을 탐하는 것보다 더 나쁜 죄악이라는 말도 안 되는 주장을 하고 있다.'

알프스 이북 유럽 국가들은 열광한다. 버터를 마음대로 먹으면서 신을 섬길 수 있다는 제안은 그들에게 짜릿하기 그지없었다. 이제 루터를 시작으로 개신교는 알프스 이북의 주요 종교로 자리 잡기 시작한다. 그야말로 종교개혁의 선봉장에 버터가 있었던 셈이다. 프랑스 역사학자 장 루이 플랑드랭Jean-Louis Flandrin은 가톨릭교회에서 이탈한 나라와 버터를 먹는 나라가 일치한다는 내용을 발표하기도 했다. 음식에 대한 경제적 차별이 유럽을 두 개로 쪼갠 것이었다.

종교 전쟁이 잠잠해질 무렵인 19세기. 버터는 전 유럽에서 사랑받는 식품으로 자리매김한다. 프랑스에서는 공급이 수요를 못 따라갈 정도였다. 당시 황제였던 나폴레옹 3세Napoléon III가 버터 대체재를 구하라는 지시를 내린 배경이다. 프로이센과의 전쟁을 앞둔 터라 군용 수요가 늘어난 것도 공급 부족의 원인이었다. 1869년 화학자 이폴리트 메주 무리에Hippolyte Mège-Mouriès가 마침내 소의 지방을 이용해 버터와 유사한 식감을 내는 제품을 개발한다. 후대 사람들은 이를 마가린이라 부른다.

조선의 역사도 뒤흔든 버터

버터가 서양의 역사만 뒤흔들어 놓은 건 아니었다. 조선시대에도 논란의 중심에 버터가 있었기 때문이다. 유목민족의 침입 속에서 버터는 자연스레 우리 문화에 스며들었다. 선조들은 이를 수유

酥油라고 불렸다. 우유기름이라는 의미였다. 농업사회인 조선에서 소는 주로 경작용으로 사용했기에 수유 생산량은 극히 미미했다. 왕족이나 고관대작들의 몸보신용으로만 쓰인 사치품이었다.

조선은 국가 차원에서 수유의 생산을 관리했다. 북방계 이민자들인 달단족(몽골 민족의 한 부족)이 많이 살던 황해도와 평안도 지역을 생산지로 지명하고 이 공간을 수유치라고 불렀다. 수유를 만드는 일은 생각보다 고되고 기술이 필요한 일이었기에 이에 대한 대가가 필요했다. 바로 군역 면제였다.

군 면제라는 달콤한 유혹에는 언제나 부패가 공존하기 마련이다. 군대에 가지 않으려는 사람들이 이 지역으로 위장 전입을 하려는 사례가 많아졌기 때문이다. 한 집에서만 남자 21명이 등록된 사례도 있었다.

세종대왕은 이 폐단을 막고자 수유치를 폐지했다. 만약 지금까지 수유치가 남아 있었다면, 우리나라도 꽤 근사한 버터를 가지고 있었을지도 모를 일이다. 버터의 풍미가 세계사와 우리 역사에도 진하게 배어 있는 셈이다. 종교개혁이 부른 경제적 대변혁을 생각한다면, 한낱 먹거리로 치부할 수 없는 일이다.

네줄요약

✦ 중세 교황청은 사순절, 축일, 금요일에 육식·유제품 금식 원칙을 세웠다.

✦ 알프스를 기준으로 이남 유럽은 해산물과 올리브 등 먹을 것이 풍부해 이를 지키는 데 큰 문제가 없었지만, 축산 위주인 이북 유럽은 이를 잘 지키지 못했다.

✦ 교황청은 금식을 어기고 버터를 먹는 알프스 이북 유럽인들에게 면죄부를 살 것을 요구했다.

✦ 이는 가톨릭과 개신교를 분리한 종교개혁의 원인이 되었다.

참고문헌
- 마귈론 투생 사마, 먹거리의 역사, 까치글방, 2002
- 김상보, 조선시대의 음식문화, 가람기획, 2006

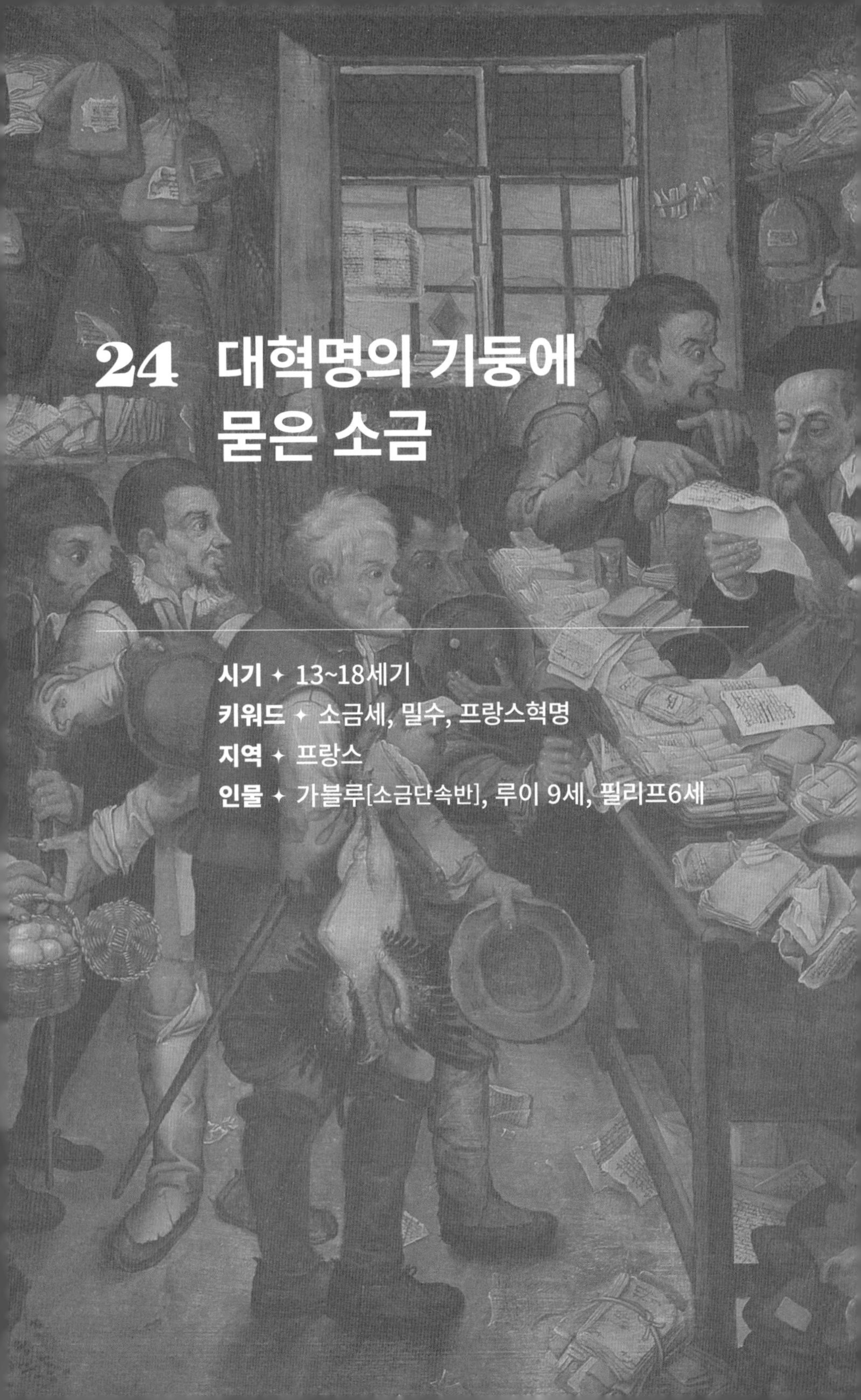

24 대혁명의 기둥에 묻은 소금

시기 ✦ 13~18세기
키워드 ✦ 소금세, 밀수, 프랑스혁명
지역 ✦ 프랑스
인물 ✦ 가블루[소금단속반], 루이 9세, 필리프6세

정복을 차려입은 남자들이 매서운 눈으로 거리의 사람들을 훑어봤다. 특히 풍만한 여자들이 그들의 표적이었다. 한 명이라도 놓칠세라 눈을 깜빡이지도 않을 정도였다. 여자의 몸을 유심히 보던 남자가 행동에 나섰다. 여자의 몸을 손으로 수색한 것이다.

당혹스러운 순간, 여자는 소극적으로나마 저항해봤지만, 곧 치마 아래로 하얀 가루가 후드득 떨어졌다. 이윽고 남자가 만족스러운 표정을 지었다. 지금이라면 있을 수 없는 이 무자비한 몸수색을 하던 이들은 '가블루gabelous'였다. 소금을 밀수하는 사람들을 검문하는 중세 프랑스의 관리들이다. 프랑스 왕실이 소금세를 부과하면서 밀수가 성행하자 단속반이 출몰한 것이었다. 인간의 생명을

네덜란드 화가 소(小) 피터르 브뤼헐의 '시골 마을에서의 싸움'.

유지하는 데 필수적인 재화를 이용한 가렴주구는 프랑스 혁명의 불씨가 되었다는 분석이 나온다. 오늘날 세계사에서 가장 중요한 사건 중 하나인 프랑스 혁명의 기둥에 소금 알갱이가 덕지덕지 묻어 있다는 의미다.

역사의 중심에 소금이 있었다

소금은 하얀 황금과 같았다. 인간의 생리 작용에 중요한 역할을 하는 나트륨을 함유하고 있기 때문이다. 고대부터 인류는 소금을 구하기 위해 무진 애썼다. 소금을 공급하는 자는 엄청난 부를

2세기 로마 모자이크의 정물화. 신선한 생선은 그들이 소금을 잘 활용했음을 보여준다.

일굴 수 있었다. 소금을 얻으려는 상인들의 발자국은 그대로 무역 길이 되었다.

서구 문명의 요람인 고대 로마 제국은 소금으로 세워졌다. 소금 유통을 장악해야 대도시를 건립할 수 있었던 것이다. 전장에서 흘린 군인들의 땀방울은 소금에 절인 음식으로 보충되었다. 로마 제국은 각 도시에서 소금을 확보해 수도 로마로 운반하는 데 국력을 쏟았다. 로마로 이어지는 도로가 소금길이라는 뜻의 '비아 살라리아Via Salaria'라고 불린 배경이었다.

소금길은 로마를 지탱하는 핵심이었기에 이 길을 지키는 데 군인이 투입되곤 했다. 제국은 그 대가로 이들에게 금전과 소금을 지급했다. 오늘날 영어로 월급을 의미하는 샐러리salary는 라틴어로 봉급을 의미하는 살라리움salarium에서 파생된 단어인데, 여기에 소금salt을 뜻하는 'sal'이 들어가 있다. 소금이 경제에서 차지하는 위상을 가늠할 수 있는 대목이다. 한편 소금은 음식의 부패를 방지하는 효과로도 주목받으면서 그 가치가 더욱 치솟았다.

그리고 곧 소금이 세금이 될 때가 찾아왔다. 필수적인 재화였던 만큼, 모든 왕실은 유혹에 시달렸다. 소금에 세금을 붙이면 엄청난 세수를 확보할 수 있어서였다. 고대 로마는 민중의 반발을 우려해 세금을 거의 매기지 않았다.

소금세 도입의 유혹을 견디지 못한 나라는 프랑스였다. 성왕 Saint Louis으로 통하는 루이 9세Louis IX가 주인공이다. 그는 십자군 전쟁에 직접 참전했을 정도로 독실한 가톨릭교도였다. 오늘날 세계에서 가장 아름다운 성당 중 하나로 통하는 프랑스 파리의 생트샤펠 그가 지은 건축물이었다. 예수의 가시면류관을 13만 5,000리브르에 구매한 뒤 이를 보관할 장소를 마련한 것이었다. 이 금액은 프랑스 1년 예산의 절반을 훌쩍 뛰어넘는 엄청난 규모로,

오늘날의 화폐 가치로는 1조 3,500억 원에 달한다. 그의 종교적 믿음이 얼마나 독실한지, 또 사치스러운지를 증명하는 숫자다.

십자군 전쟁과 예수의 유물을 구입하는 데 엄청난 돈이 쓰이면서 루이 9세의 프랑스 왕실 재정은 언제나 적자에 시달렸다. 신하들의 고언이 이어졌지만 루이 9세는 마음을 바꿀 생각이 없어 보였다. 그 대신 적자를 해결할 새로운 세금을 만들었다. '가벨 Gabelle'이라고 불리는 소금세였다. 프랑스 남부 지중해 인근 에그모르트에 염전과 소금창고를 세운 뒤 국가가 세금을 붙여 판매하는

후대 화가 에밀 시뇰이 그린 루이 9세.

방식이었다.

소금세는 왜 지역마다 달랐을까?

소금이 식욕을 돋우듯, 소금세는 왕실의 욕망을 부추겼다. 재정 수입이 커져가면서 소금세를 더욱 확대했기 때문이다. 가벨이 처음 도입되고 100년도 채 지나지 않아 프랑스 왕실은 전국에 소금창고를 세운다. 생산비용에 높은 세금을 붙인 뒤 팔기 위해서였다. 1341년 필리프 6세Philippe VI가 영국과 전쟁을 벌이면서 생긴 일이었다. 즉 돈이 더 많이 필요했다. 이것이 소금세가 프랑스에 영구히 자리 잡게 된 배경이다.

세금은 만인에게 평등해야 하는 것이지만, 현실은 그렇지 않았다. 소금창고가 위치한 땅을 소유한 영주의 힘에 따라 세율이 달라지는 불합리한 일이 벌어졌다. 왕실이 직접 통치하는 파리와 북부 프랑스 지역에는 높은 세율이 부과되었지만, 브르타뉴와 플랑드르처럼 힘센 영주들이 군림하는 곳에 높은 세금을 강요했다가는 당장이라도 반란을 일으킬 기세였다. 그 당시 부르고뉴의 영주는 프랑스의 적인 영국과 동맹을 맺을 정도였다. 프랑스 왕실의 빈약한 왕권을 보여주는 상징이다. 이처럼 봉건 영주들의 협의 없이는 왕실의 위엄을 세울 수 없었기 때문에 그런 지역에는 낮은 세율이 매겨졌다.

가벨에 따라 지역 소금값의 차이도 엄청나게 벌어졌다. 1780년대 소금 한 포대를 사는 데 브르타뉴에서는 31솔이면 되었지만, 바로 인근 앙주 지역에서는 591솔을 내야 했다. 아주 가까운 거리인데도 불구하고 소금값이 30배 가까이 차이가 난 셈이다. 브르타뉴 사람들은 앙주 지역을 가리켜 "소금 지옥인 동네"라고 조소했을 정도였다.

엄청난 가격이었지만 시민들은 '울며 소금 먹기'로 사야 했다. 정부가 구매를 강제했기 때문이다. 산다고 끝이 아니었다. 소금 용도를 고기 염장용, 치즈 제조용으로만 사용하게끔 강제해서 마음대로 쓸 수도 없었다. 소금이 너무 비싼 나머지 청어에 묻은 소금을 털어서 재활용하곤 했는데, 이 역시도 금지당한다. 정부의 소금을 더 사라는 뜻이었다. 단속반이 수시로 가정집 부엌에 들이닥쳤다. '소금 폭정'에 민중은 다양한 방식으로 저항했다. 가장 은밀하게 진행된 방식은 밀수였다. 싼 지역에서 소금을 사들여 비싼 지역으로 들여오는 방식이었다. 비싼 소금에 지친 농민들이 주도하고, 영리에 밝은 상인들이 뒤따랐다. 밀수하는 사람들을 '포소니에 faux-saunier'라고 불렀는데, 거짓 소금 장수라는 뜻이었다. 이들은 짐 마차 바닥이나 가구에 숨기는 방식으로 소금을 옮겼다.

밀수로 큰돈을 벌었지만, 결국 사형당한 전설적인 밀수업자 만드린의 초상화.

왕실은 좌시하지 않았다. 밀수는 소금세의 근간을 허무는 일이었다. 국가 재정의 10퍼센트를 차지하는 소금세가 녹아버리게 놔둘 수 없었다. 왕실이 밀수를 단속하는 가블루를 출범시킨 배경이었다. 오늘날로 얘기하면 세금징수단 같은 존재였다. 가블루들이 특히 여성을 표적으로 삼은 것은, 당시 밀수꾼들이 여성이나 어린이의 몸에 소금을 숨기는 방식으로 몰래 들여온 것을 알기 때문이었다. 라발이라는 지역에서는 검거된 4,788명 밀수꾼 중 60퍼센트가 여성과 어린이였다는 기록도 전해진다.

여성들은 엉덩이에 패드를 넣고 그 안에 소금을 담았다. 여성의 몸을 함부로 만질 수 없다는 도덕적 심리를 이용한 방법이었지만, 시간이 지나면서 밀수 방식이 알려지자 가블루들은 양심의 가책 없이 여성의 몸 이곳저곳을 만졌다. 일부 가블루들은 전혀 관련 없는 여성의 몸을 수색하다가 항의를 받기도 했다.

소금, 혁명의 가루가 되다

적발된 소금 밀수꾼은 극형에 처해졌다. 초범들에게는 갤리선 노역 10년 형이 내려졌다. 거대한 선박 지하에서 빛도 보지 못한 채 노를 저어야 하는 극형이었다. 밀수를 직업적으로 한 이들은 사형에 처해지기도 했고, 밀수범을 숨겨준 사람도 감옥에 갇혔다. 왕실이 강력한 단속을 주문하면서 가블루들이 애먼 사람을 밀수범으로 몰아가는 사례도 늘어갔다. 밤에 물고기를 잡는다는 이유로, 소금기 있는 연못을 바라보고 있었다는 이유로 밀수범으로 몰린 사례도 있었다.

그런데도 농민들은 죽음을 각오하고 이웃 지역에서 소금을 들여왔다. 소금 없이는 살 수 없어서였다. 소금을 들여오다 죽으나 앉아서 죽으나, 죽는 건 매한가지였다. 18세기 후반에는 매년 3,000명이 밀수범으로 잡혔는데, 대부분은 가난한 농민이었다.

소금세를 비롯한 착취적 조세 구조에 분노의 압력은 높아지고 있었다. 프랑스 시민들은 더 이상 왕정 체제를 용인하지 않았다. '자유, 평등, 박애'를 다짐하면서 왕실의 전복을 시도했다. 1789년 프랑스 혁명이었다.

혁명을 이끈 삼부회는 이듬해 가벨을 폐지한다. 민중을 억압하

18세기 프랑스의 조세 제도를 비꼰 풍자화. 세금이 면제된 귀족과 성직자들을 풍자하고 있다.

며 500년 가까이 유지되어 온 소금세의 폐지에 모든 국민이 눈물을 흘렸다. 혁명 정부는 모든 밀수꾼을 석방하고 죄를 사면했다.

혁명 4년 뒤 루이 16세는 단두대에서 목이 잘렸다. 수백 년 동안 누적된 가벨이 칼날이 되어 그의 목을 겨눈 셈이었다. 정치인 미라보Mirabeau는 "가벨만 진작에 없앴어도 혁명을 막을 수 있었을 것"이라고 했다. 봉건 체제와 식민 지배를 무너뜨린 혁명 정신 곳곳에 소금 알갱이가 반짝이고 있는 셈이다. 소금의 짠 내는 어쩌면 민중의 땀과 눈물일지도 모르겠다.

네줄요약

+ 중세 프랑스의 왕 루이 9세는 십자군 전쟁을 위해서 새로운 세금인 '소금세'를 신설했다.
+ 소금세가 국가 재정에 큰 부분을 차지하면서 점점 확대되기 시작했다.
+ 그러나 봉건 영주의 힘에 따라 지역마다 세율이 천차만별로 적용되었고, 이 때문에 지역별 밀수가 늘어났다.
+ 정부가 소금세의 부당함을 해결하지 않고 밀수를 강력하게 단속하면서 결국 저항 세력이 등장했고, 프랑스 혁명의 단초가 되었다. 소금이 혁명의 가루로 불리는 이유였다.

참고문헌
- 마크 쿨란스키, 소금-인류사를 만든 하얀 황금의 역사, 세종서적, 2003년

25 감자가 없어 떠난 사람들의 모험

시기 ✦ 19세~20세기
키워드 ✦ 감자 대기근, 미국 건국, 아일랜드 독립 전쟁
지역 ✦ 아일랜드
인물 ✦ 아일랜드계 미국인, 에이먼 데벌레라, 존 F. 케네디

볼이 푹 꺼진 부모와 삐쩍 마른 아이가 도시를 배회하고 있다. 도시는 자욱한 안개만 가득했다. 엄마 손을 잡은 아이는 뼈에 살가죽만 간신히 달린 모습이다. "배고파"라는 말조차 할 기운이 없었다. 그때 얼굴에 기름기가 도는 사람이 이들의 앞을 가로막았다.

부모는 눈길을 피하면서도 작게 고개를 끄덕였다. 상대로부터 동전 몇 개를 받은 부모는 아이의 손을 넘겼다. 이윽고 상대는 아이의 손을 잡고 떠났다. 배가 고픈 나머지 부모가 아이를 팔아넘기는 장면이다.

거리의 누구도 부모를 비난하지 못했다. 아무것도 먹지 못한 지 며칠, 누워서 죽음을 기다리는 이들이 부지기수였다. 안개 속에는 죽음의 숨결만이 가득했고, 아이를 굶겨 죽이느니 부자에게 팔아서 아이도 부모도 살아남을 방법을 택한 것이었다. 신이 구현한 지옥이 이곳에 펼쳐지고 있었다. 1845년 영국령 아일랜드에서 벌어진 '감자 대기근'이 부른 비극이었다. 100만 명이 굶어 죽고, 100만 명이 섬을 떠난 인류 역사상 최악의 기근으로 기록되는 사건.

짓이겨지고 으깨졌을지언정, 아일랜드인은 삶을 포기하지 않았다. 대기근 속에서도 자신들만의 걸출한 경제적 기둥을 우뚝 세웠기 때문이다. 오늘날 미국 동부 보스턴에는 억척스러운 삶을 이어간 그들의 땀방울이 그대로 얼룩져 있다.

아일랜드를 덮친 감자병

"감자가 병들었다!"

대재앙은 불현듯 닥쳤다. 아일랜드 사람들의 주요 식량인 감자에 감자잎마름병이라는 치명적인 병충해가 생겨 도저히 먹을 수 없는 상태에 빠진 것이다. 감자는 아일랜드인의 밥이자 반찬이고, 간식이었다. 아일랜드의 스산한 날씨에서도 무럭무럭 자라주던 고마운 작물이었으며, 어린아이의 배를 손쉽게 채울 수 있는 신의 선물이었다. 감자가 없다는 건 아일랜드인에게 죽음을 의미했다. 아일랜드는 영국의 속국이었다. 영국에 구휼(빈민을 구제함)의 책임이 있다는 뜻이다. 그러나 본국의 고관대작들은 이를 멀뚱멀뚱 지켜만 보고 있었다. 그들이 무엇보다 '자유방임'을 신처럼 믿었기 때문이다.

보이지 않는 손이 수요와 공급 법칙에 따라 가장 최적의 방식으로 양식을 공급할 것이라는 믿음은 영국 의회에 꾸준히 올라온

아일랜드 수도 더블린에 세워진 감자대기근 추모 동상.

아일랜드를 구제해야 한다는 법안을 통과시키는 데 장해물이 되었다.

그리고 대재앙이 이어졌다. 먹을 것이 없어 죽은 사람이 100만 명에 달했다. 아일랜드 민족주의 언론인 존 미첼John Michell은 이를 다음과 같이 표현했다.

'전지전능하신 신이 감자 역병을 보내셨지만, 이를 대기근으로 만든 건 영국인들이었다. 영국인은 아일랜드인을 아주 평화롭게 학살했다.'

미첼의 말대로 아일랜드는 삶의 생기가 조금도 느껴지지 않는 불모의 땅이 되었다. 1845년에 800만 명에 달했던 인구가 10년 후에는 600만 명으로 크게 줄어들었다.

남은 자들에게는 아비규환이 펼쳐졌다. 사회를 지배하는 질서는 힘의 논리였다. 먹을 것이 있는 자들은 허기진 이들을 가혹하게 지배했다. 가장들은 뺨을 맞으면서 먹을 것을 구걸했고, 여자들은 어쩔 수 없이 몸을 팔았다. 대기근 직후 사생아 비율이 10퍼센트로 치솟은 배경이다. 대기근 이전 사생아 비율이 1퍼센트도 되지 않았던 것과 비교해보면 보수적인 가톨릭 사회에서는 이례적인 수치다

아이를 키우는 부모들의 사정도 마찬가지였다. 그들에게는 무엇보다 입을 줄이는 게 급선무였다. 배고프다고 우는 아이에게 아무것도 먹이지 못하는 건 부모의 애간장이 끊어지는 일이었다. 차라리 고아원에 맡기는 편이 덜 고통스러웠다. 하지만 넘쳐나는 아이들로 버거운 고아원에서는 아이들을 내다 버리는 일이 비일비재했다. 1851년에는 고아가 9만 명에 달한다는 보고가 있을 정도였다. 이 아이들의 앞날은 뻔했다. 남자아이는 범죄 조직에, 여자아이들은 매춘 시설에 팔려 갔다. 자유방임이 만든 지옥도였다.

끼니 걱정은 없었지만 다시 시작된 차별

도저히 먹고살 길이 없는 아일랜드인들은 고향을 등졌다. 새 땅에서 새로운 삶을 꿈꾸며 떠날 날을 기다리는 사람들의 수가 무려 100만 명 이상이었다. 특히 같은 영어권 국가인 미국행을 선택한 이들이 가장 많았다. 좁은 배에서 짐짝처럼 구겨져 몇 날 며칠 대서양을 건너야 하는 고난의 행군이었지만, 아일랜드에서 기약 없이 죽음을 기다리는 것보다는 나았다. 그리하여 관짝선Coffin Ships이라고 불리는 배에 아일랜드 사람들이 가득 차게 되었다.

하지만 신대륙의 보스턴, 필라델피아, 뉴욕에 도착한 아일랜드 사람들을 기다린 것은 환대와 양질의 일자리가 아니었다. 멸시와 빈곤, 중노동과 조악한 살림이었다. 짧은 시간에 너무나 많은 이민자가 몰려들면서 일자리 경쟁이 치열해졌기 때문이다. 수많은 상점에 '아일랜드인 사절' 팻말이 붙어 있었다. 고약한 인종주의자의 집은 더 노골적이었다. '개와 흑인 그리고 아일랜드인 출입 금지'.

그래도 아일랜드 사람들은 희망을 보았다. 고향의 허기짐과 죽음보다는 나았기 때문이다. 우는 아이에게 빵을 줄 수 있다는 것

아일랜드 상징 하프가 그려진 이불을 쓰는 남성이 미국의 상징인 엉클샘에게 언성을 치는 모습. 1882년 6월 작품.

만으로 그들은 축복받았다고 느꼈다. 값싼 임금을 받고 온종일 노동해야 하는 거친 삶의 연속이었지만 미국은 그들에게 기회의 땅이었다. 거센 사투리를 조롱받아도, 외모를 보고 사람들이 손가락질해도, 아일랜드라는 이름의 씨앗은 아메리카의 토양에 더 깊게 뿌리 내렸다. 보스턴 도시 확장 사업과 뉴욕 운하, 철도 건설, 거친 공사 현장에 아일랜드인이 없는 곳이 없었다. 세계 최대 도시인 미국 동부의 건설 현장에는 언제나 아일랜드를 상징하는 세 잎 클로버가 피어 있었다.

"영국 귀족 출신인 남군을 무찌르자."

1860년 미국은 대혼란에 빠진다. 노예제를 옹호한 남부의 주들과 노예 해방을 주장한 북부의 주들이 전쟁을 벌이면서였다. 미국 남북 전쟁이다. 아일랜드 이민자들이 터를 잡은 동부 지방은 북부의 핵심 지역이었다. 북부의 정치 지도자들은 아일랜드인들에게 호소했다. "북부를 위해 싸우고, 진정한 미국인이 되어주십시오." 1862년 7월 미국 의회는 민병대법Militia Act까지 통과시킨다. 미군에 입대해 명예 제대한 사람은 인종과 관계없이 시민권을 부여한다는 획기적인 내용이었다. 아일랜드의 지도자들과 이민자들은 기꺼이 총을 들었다. 진정한 미국인이 되어 새로운 조국에 헌신하기 위해서였다. 남북 전쟁에 참여한 아일랜드계 미국인의 90퍼센트가 북군에 헌신했는데 대영지를 소지한 남부 농장주들에게서 영국 지주계급의 모습을 겹쳐 본 것은 아닐까. 북군 아일랜드 여단Irish Brigade의 탄생이었다.

페니언 형제단Fenian Brotherhood이라는 아일랜드계 비밀 결사 역시 북군에 합류했다. 남북 전쟁에서 얻은 경험을 언젠가 영국과 치를 독립 전쟁에 활용하기 위해서였다. 이들은 전쟁하면서 받은 봉급의 일부를 아일랜드 본토의 독립군에게 보내기도 했다. 아일랜드세 미국인들에게는 미국의 남북 전쟁과 아일랜드 독립 전쟁이 구분되지 않았던 셈이다. 아일랜드 여단은 누구보다 앞장서서 남군에 맞섰다. 그들을 피를 흘리면서도 군기를 놓지 않았다. 총을 맞고 쓰러지면서도 하나같이 외쳤다. "아일랜드여 영원하라Erin go bragh!" 아일랜드의 녹색기는 남북 전쟁 복판에 펄럭였다. 1865년 북군의 승리에 아일랜드인들의 진한 녹색 피가 아로새겨져 있는 셈이다.

남북 전쟁이 불붙인 아일랜드 독립운동

남북 전쟁은 아일랜드인을 미국의 주요 구성원으로 이끄는 마차였다. 전쟁에서 누구보다 용맹하게 싸운 이들에게 함부로 할 수 없었기 때문이다. 정치인들 역시 앞장서서 아일랜드인들의 생활을 개선하기 위한 정책을 내기도 했다. 이런 기반 속에서 아일랜드인들은 미국의 중심부로 조금씩 이동하고 있었다. 20세기 초 뉴욕시 공무원과 교직원 상당수가 아일랜드계였을 정도다.

배가 불러도, 등이 따뜻해도, 그들은 감자 한 알이 없어서 죽어가던 과거를 잊지 않았다. 남북 전쟁 직후에도 페니언 형제단 1,000여 명이 직접 영국령 캐나다를 침공했다. 아메리카 대륙의 영국 땅인 캐나다를 공격함으로써 아일랜드 독립을 따낸다는 전략이었다. 군 규모가 크지 않았기에 큰 전쟁으로 이어지지는 않았지만, 아일랜드의 독립 정신을 엿보기에는 충분했다.

감자 대기근이 발생한 지 어느덧 60년이 흐른 20세기 초반, 굶주렸던 소년과 소녀는 살이 통통히 오른 할아버지와 할머니가 되었다. 허기와 분기에 가득 찬 과거를 강물에 흘려보낼 만도 한데,

아일랜드계 미국인들은 그러지 못했다.

대서양 건너 고향 아일랜드 사람들은 여전히 대영 제국에 온 몸으로 저항하고 있었다. 감자 대기근은 아스라한 과거가 아니라, 온몸의 상처를 욱신거리게 하는 현재진행형 기억이었다. 수많은 아일랜드계 미국인이 다시 고향 땅으로 돌아갔다. 아일랜드의 진정한 독립을 목표로 총을 들기 위해서였다. 그중 한 명이 에이먼 데벌레라Éamon de Valera였다.

데벌레라는 미국에서 고아로 자랐지만, 아일랜드계 공동체의

뉴욕에서 제작된
아일랜드 독립 지지 판화.

보호 속에서 좋은 교육을 받았다. 덕분에 아일랜드 더블린의 대학 장학생으로 진학할 수 있었다. 아일랜드 의용군에 투신한 그는 다시 미국으로 돌아왔다. 독립 자금을 모금하기 위해서였다. 그는 '아일랜드 공화국 채권'을 발행했는데, 아일랜드 공화국이 국제적으로 승인될 경우에만 상환할 수 있는 사실상의 부실 채권이었다. 이런 말도 안 되는 조건에도 500만 달러가 넘는 자금이 모였다. 아일랜드계 미국인 27만 명이 십시일반 돈을 모은 덕분이었다.

뉴욕시장 존 하일란John Hylan과 훗날 미국 대통령이 되는 프랭클린 D. 루스벨트 대통령도 지지 성명을 냈을 정도였다. 이 자금을 전달받은 아일랜드 독립군은 1919년부터 1921년까지 3년 동안 대영 제국에 맞서 독립운동을 벌일 수 있었다. 무역업자들은 몰래 아일랜드로 총기를 수출하는 대담한 행동까지 벌였다. 1921년 대영 제국이 아일랜드 자유국이라는 이름의 자치를 허용할 수밖에 없었던 배경이다.

하지만 완전한 아일랜드를 꿈꾸던 이들은 '자유국'이라는 미완의 독립을 인정할 수 없었다. 조약 찬성파와 반대파 간에 전쟁이

20달러짜리 페니언 채권. 아일랜드 독립 자금에 쓰이는 채권이었다.

이어졌다. 아일랜드 내전이었다. 정치적 무력 투쟁이 마무리된 건 1937년이었다. 찬성파와 반대파가 손잡고 아일랜드 공화국이라는 이름의 완전한 독립을 정치적 과정에서 밟아갈 것을 합의했다.

1937년 아일랜드가 헌법을 제정해 공화국임을 대외적으로 천명한다. 13년 후인 1949년, 대영 제국은 마침내 아일랜드의 연영방 탈퇴를 승인했다. 800년 동안 식민지로 지배당해 온 설움을 닦아낸 순간이었다.

아일랜드계 미국인들도 자신들만의 길을 개척해간다. 미국의 주류로 완전히 진입하면서였다. 미국 동부를 대표하는 보스턴은

아일랜드계 미국인으로서
아일랜드 독립을 위해
힘쓴 에이먼 데벌레라.

그야말로 아일랜드계 미국인의 수도였다. 지역 대표 농구팀인 보스턴 셀틱스의 명칭 역시 아일랜드 민족을 상징하는 켈틱Celtic에서 따왔다. 아일랜드의 대표 축제인 '성 패트릭 데이(3월 17일)'에는 미국 동부가 아일랜드의 색상인 초록색으로 물든다.

"여러분은 더 이상 망명객이나 이주민이 아닙니다. 조국, 그리고 인류를 위해 봉사하기 위해 떠나는 사람들입니다. 아일랜드의 시대가 왔습니다. 아일랜드 사람들은 세상에 자유와 평화로 가득한 미래를 가져올 것입니다."

미국 남북 전쟁에서 중요한 전투인 게티스버그 전장에 세워진 아일랜드 여단 기념비.

1963년 6월 모든 아일랜드인이 한 사람의 연설을 듣고 있었다. 어떤 이는 눈물을 흘렸고 어떤 이는 먹먹한 표정으로 하늘을 바라봤다. 미문도 미문이거니와, 고난의 과거가 다시 떠올라서였다. 연설자의 이름은 미국 대통령 존 F. 케네디John F. Kennedy. 그의 연설이 더욱 특별했던 건 케네디가 아일랜드계 미국인이었기 때문이다.

감자 대기근 때 미국으로 건너와 일용 노동자로 일했던 케네디 가문은 아메리칸드림의 표본이었다. 저임금 노동자에서 사업가로, 정치인으로, 마침내 대통령까지 올랐기 때문이다. 이민자의 후손이 세계 최강국의 대통령이 되어 돌아온 셈이다. 감자 한 알을 구하지 못해 눈물로 목이 멘 채 거리를 전전해야 했던 가난한 아일랜드인을 위로하는 장면이었다.

네줄요약

- 아일랜드는 1845년 감자 대기근을 겪었지만, 식민모국 영국은 자유방임을 이유로 별다른 개입을 하지 않았다.
- 100만 명이 아사하고 살아남은 사람들 가운데 100만 명이 미국 동부로 이민을 떠났다.
- 이민자 대부분은 계급의식이 강한 남부에 반발해 노예 해방을 내세운 북군에 입대해 싸우기도 했다.
- 아일랜드계 미국인들은 과거를 잊지 않았다. 아일랜드 독립운동 자금을 모집하고 전쟁에 직접 참전했다.

찾아보기

ㄱ

겐스플라이시, 프리드리히 134,
공채 → 채권
구텐베르크, 요하네스 133-143
국제통화기금(IMF) 167
국채 → 채권
그랜트, 덩컨 159, 161
그레셤, 토머스 108, 195-205, 223
글래드스턴, 윌리엄 191-192
금본위제 161-162
금화 → 화폐

ㄴ

나폴레옹 3세 273
나폴레옹, 보나파르트(나폴레옹 1세)
　30, 120, 184, 190, 191, 193, 247
남북 전쟁 291-292, 296
남해회사 221, 224-230
넬슨, 허레이쇼 191
뉴턴, 아이작 221, 222, 225, 228, 231

ㄷ

다르타냥 151, 157
대처, 마거릿 179, 181
던시, 윌리엄 201
데벌레라 에이먼 293-295
도트리슈, 안 148
독립 전쟁
　-그리스 독립 전쟁 245, 249
　-남아메리카 독립 전쟁(라틴아메리
　　카 독립 전쟁) 120, 249, 251-
　　252
　-네덜란드 독립 전쟁 39
　-미국 독립 전쟁 186, 189
　-아일랜드 독립 전쟁 291-292
　-쿠바 독립 전쟁 85
동인도회사
　-네덜란드 동인도회사 40-42
　-영국 동인도회사 80, 223, 239
드레이크, 프랜시스 59-60, 63
드부용, 고드프루아 49
디포, 대니얼 225, 228
디플레이션 97-98

ㄹ

라벤나 총독부 25
라쿠르, 피터 드 42
라 폴, 윌리엄 드 74
랜돌프, 에드먼드 51
랜돌프, 윌리엄 51
램, 캐럴라인 245
레몽 4세 49
레이건, 로널드 179, 181
렌, 크리스토퍼 124, 204
렘브란트 하르먼손 판레인 42
로, 윌리엄 210
로, 존 209-216, 218-219
로빈스, 라이어널 174
로포코바, 리비아 165
록셀리나 57
루스벨트, 프랭클린 D. 52, 87, 88, 167,
　294
루이 13세 148, 152
루이 14세 119, 147-155, 157, 214,
　218-219
루이 15세 213-214, 218
루이 16세 187, 218, 285
루이 7세 17, 93
루이 9세 279-280, 285

루터, 마르틴 110, 267, 271, 272-273
리, 오거스타 245
리처드 1세(사자왕) 93-96

ㅁ

마누엘 1세 28
마르크스, 카를 110
마우리츠(오라녜 공작) 35, 36
마자랭, 쥘 148-151
마젤란, 페르디난드 59
마틸다(플랑드르) 67, 69, 70, 72, 77
말버러 공작 83
맥그리거, 그레고르 251, 252
맥클라우드, 헨리 더닝 204
맨더빌, 버나드 223-224
맨체스터 공작 83
메디치, 조반니 디 비치 데 20
메리 1세 201-202
메리 2세 130, 222-223
메주 무리에, 이폴리트 273
명예혁명 130, 131, 223
모어, 토머스 106
무역 도시 26, 30, 38, 72, 196, 265
무적함대 59, 60, 61, 63, 118
미라보 285
미시시피 회사 215-217, 219, 224-225, 228, 229
미제스, 루트비히 폰 173-174, 181
미첼, 존 289

ㅂ

바본, 니컬러스 126-128
바이런, 조지 고든 243-246, 253
바이킹 47, 68-70, 72, 73, 76, 77
반 호이엔, 얀 238
발보아, 바스코 누녜즈 데 50
백년 전쟁 72, 75, 77
밴더빌트, 콘수엘로 83

밴쿠버, 조지 187
뱅크스, 조지프 187
베네치아 20, 23-31, 213, 218
베버, 막스 109
벨라스케스, 디에고 117
보두앵 2세(라틴제국) 18
보두앵 2세(예루살렘왕국) 15
보에몽 1세 49
볼리바르, 시몬 249-251
불린, 앤 104-105
블런트, 존 225, 226
비리히, 엘제 134
비스마르크, 헤르베르트 폰 84
비탈레 2세 미키엘 28
빌럼(오라녜 공작, 침묵공) 36-38
빌리어스, 엘리자베스 210-211

ㅅ

사회기반시설 26, 31, 109
샤를 3세 69
샤를 4세 74
샤를마뉴(카롤루스 대제) 26, 47
샬롱 르네 드 36-37
산업혁명 76, 77, 120, 191
성공회 51, 106, 111, 197
성전 기사단 13, 15-21
세계은행 → 은행
세금 15, 28, 31, 35, 36, 39, 47, 72-73, 97-99, 109, 125, 152, 157, 183, 187, 189-190, 192, 279-281, 283, 284, 285
  -조세 73, 187, 191, 284
  -과세 36, 91, 97, 99, 100, 101, 183
  -소득세 183, 189-193
  -소금세 277, 279-285
셰익스피어, 윌리엄 23
쇠페르, 피터 138-139, 141
수르바란, 프란시스코 데 117
수표 17

술레이만 1세 57-58
스미스, 애덤 48, 81, 152
스탈린, 이오시프 177
스태그플레이션 179
스테빈, 시몬 35
스트레치, 리튼 161
스티븐슨, 로버트 루이스 63
스페인 계승 전쟁 119, 225
스피노자 42
신대륙 발견 50-51, 53, 61, 114-115
실물 경제 117, 212, 218
십자군 전쟁 14, 17, 20, 28, 48-49, 95, 259, 279, 280, 285

ㅇ

아낙산드리데스 268
아이슬라비, 존 229
안트베르펀 34, 38, 196, 197, 199, 200, 201, 202, 203, 205
앗딘, 살라흐 18, 49
앗딘, 하이르(붉은 수염) 58, 59, 63
앙글리아 니콜라스 드 30
어음 212, 223
에드워드 3세 74, 91
에드워드 6세 91, 200-201, 202
에드워드 7세 82, 83, 84, 91
에드워드(참회왕) 70
에이치로, 오다 63
엘레오노르(아키텐) 93, 94
엘리엇, 길버트 191,
엘리자베스 1세 59-61, 92, 202
오브레노비치, 밀란 84
왕립거래소 203, 205, 223
울프, 버지니아 160
워싱턴, 조지 51, 52
월폴, 로버트 229-231
웨스트, 조지 콘윌리스 86
웰즐리, 아서 191
윌리엄 1세(정복왕 윌리엄) 67-74, 76, 77, 92

윌리엄 3세 130, 222-224
윌버포스, 윌리엄 185
유스티니아누스 1세 25
은행 13, 20, 21, 26, 39, 42, 161, 175, 200, 202, 210, 211, 212, 213, 215, 216, 218, 219, 223, 229, 252, 264
-메디치 은행 20
-방크 제네랄 215
-방크 로얄 215, 216
-세계은행 167
-암스테르담 은행 39, 42, 212, 239
-영국은행 223, 229
-중앙은행 38, 39, 42, 174, 176, 219, 223, 229, 264
은화 → 화폐
이사벨 1세 49
이자벨(앙굴렘) 96
이즈나가, 안토니오 83
인노켄티우스 2세 15
인프라 ←→ 사회기반시설
인플레이션 117, 121, 171, 217-218

ㅈ

제롬, 지넷 79, 84-86, 89
제2차 세계대전 52, 79, 86-89, 124, 159, 165, 167, 176-177
제1차 세계대전 18, 60, 109, 161-162, 171-174, 181
제임스 2세 129-131, 222-223
제퍼슨, 토머스 51
조지 1세 92, 226
조지 3세 92, 184, 185, 188
조지 4세 92, 184, 188
조지, 데이비드 로이드 163-164
존(결지왕) 91-101, 190
종교개혁
-영국 106-109, 111
-독일 109, 110, 111, 137, 267, 273, 274, 275

주식 30, 41, 42, 174, 203, 216-218,
221, 223-227, 229-231
중앙은행 → 은행
증권거래소
　-런던 증권거래소 203, 224, 225,
　　246, 247, 248, 250
　-암스테르담 증권거래소 41, 42-43,
　　223
　-익스체인지 앨리 203, 223, 255
지폐 → 화폐

ㅊ

차일드, 조사이아 223
찬도스 백작(제임스 브리지스) 223
찰스 1세 92, 130
찰스 2세 92, 124, 129
찰스 3세 74, 92
채권 23, 27-30, 125, 126, 203, 216,
　243, 246-253, 294
　-국채 27, 30, 162, 225-226, 230,
　　247, 250-252
　-공채 23, 26-31, 247-249
처칠, 랜돌프 79, 84-86
처칠, 윈스턴 52, 79, 84-89
체임벌린, 네빌 86

ㅋ

카롤루스 대제 → 샤를마뉴
카를 5세 59, 115, 116
카를로스 2세 118, 119, 155
카이사르, 율리우스 56
캐서린(아라곤) 103-105
캠던, 윌리엄 261
케네디, 존 F. 297
케인스, 존 네빌 160
케인스, 존 메이너드 159-169, 171,
　173, 175, 176-177, 179
　-케인스 혁명 167, 176

　-케인스주의 165, 167-168,
　　179, 180
케인스, 플로렌스 160
코르테스, 에르난 50
콜럼버스, 크리스토퍼 49, 61, 113-
　115, 263
콜베르, 장바티스트 147-157, 216
콩키스타도르 50, 113
　-레콩키스타 57
크레코, 엘 117
클레망소, 조르주 163, 165
클루시우스, 카롤루스 234-235
키드, 윌리엄 62-63

ㅌ

토크빌, 알렉시 드 52, 53
트웨인, 마크 183
티치, 에드워드(검은 수염) 61-62

ㅍ

파앵, 위그 드 14, 16
판 넥 야콥 39
퍼넬리, 앤 195, 197, 198, 203
페르난도 2세 49
페르메이르, 얀 42
페인, 토머스 188
펠레티에, 클로드 르 154, 155
펠리페 2세 36, 38, 116, 117, 118
포스터, E M. 160
포프, 알렉산더 225
폴로, 마르코 26, 27
푸거, 안톤 116
푸스트, 요한 136-139, 141, 143
푸케, 니콜라 151, 152
프랑스 혁명(대혁명) 155, 187-189,
　193, 230, 249, 278, 284-285,
프랭클린, 벤저민 51
프랭클린, 조사이아 51

플랑드랭, 장 루이 273
피사로, 프란시스코 50, 115
피트, 윌리엄 184-193
필, 로버트 81
필리프 2세 96-97
필리프 2세(오를레앙공) 213
필리프 4세 19
필리프 6세 281

ㅎ

하이에크, 아우구스트 폰 172
하이에크, 프리드리히 167, 171-181
하인리히 6세 95
하일란, 존 294
한자동맹 260-265
합스부르크 가문 35, 38, 42, 118-119, 121, 155
해밀턴, 알렉산더 156
헨리 2세 91-95
헨리 8세 91, 103-106, 108, 111, 197-202
호우트만, 코르넬리스 드 39
훅, 로버트 204
화폐 15, 17, 29, 39, 83, 84, 97, 98, 101, 117, 121, 124, 150, 161, 162, 167, 180, 198-199, 200, 202, 204-205, 210, 212, 213, 215, 218, 228, 252, 280
　-금화 200, 212, 215
　-암호화폐 171, 180
　-은화 39, 96, 101, 113, 115-118, 121, 199-200, 205, 212, 215, 218
　-지폐 165, 173, 212-219, 252
히에로니무스 257
히틀러, 아돌프 86, 165, 169, 177

ABC

FTA 72, 260

돈으로 읽는 세계사

초판 1쇄 발행 2025년 8월 8일
초판 2쇄 발행 2025년 9월 10일

지은이 강영운
펴낸이 허정도
편집장 임세미
책임편집 김혜영   **디자인** 김지연
마케팅 신대섭 김수연 배태욱 김하은 이영조   **제작** 조화연

펴낸곳 주식회사 교보문고
출판신고 제2008-000090호(2008년 12월 5일)
주소 경기도 파주시 문발로 249(10881)
전화 대표전화 1544-1900   **주문** 02)3156-3665   **팩스** 0502)987-5725

ISBN 979-11-7061-289-6 (03900)

- 책값은 표지에 있습니다.
- 이 책의 내용에 대한 재사용은 저작권자와 교보문고의 서면 동의를 받아야만 가능합니다.
- 잘못된 책은 구입하신 곳에서 바꾸어 드립니다.